航空安全管理及飞行员
的职业培养探索

宋 宴 著

汕頭大學出版社

图书在版编目（CIP）数据

航空安全管理及飞行员的职业培养探索 / 宋宴著. -- 汕头：汕头大学出版社，2023.1
ISBN 978-7-5658-4917-6

Ⅰ. ①航… Ⅱ. ①宋… Ⅲ. ①民用航空－航空安全－安全管理 Ⅳ. ①F560.69

中国国家版本馆CIP数据核字（2023）第022250号

航空安全管理及飞行员的职业培养探索
HANGKONG ANQUAN GUANLI JI FEIXINGYUAN DE ZHIYE PEIYANG TANSUO

作　　者：	宋　宴
责任编辑：	郭　炜
责任技编：	黄东生
封面设计：	道长矣
出版发行：	汕头大学出版社
	广东省汕头市大学路243号汕头大学校园内　邮政编码：515063
电　　话：	0754-82904613
印　　刷：	廊坊市海涛印刷有限公司
开　　本：	710mm×1000 mm　1/16
印　　张：	8.75
字　　数：	100千字
版　　次：	2023年1月第1版
印　　次：	2023年2月第1次印刷
定　　价：	46.00元

ISBN 978-7-5658-4917-6

版权所有，翻版必究
如发现印装质量问题，请与承印厂联系退换

前　言

　　航空安全管理，是一种以预警理论作为指导，在行业管理层面上综合地运用安全科学理论、复杂系统、灾害学等各个学科的最新研究成果，对航空安全影响因素以及航空灾难的诱因展开监测、甄别、解除以及预先进行控制的一种管理制度和手段，目的在于防止和控制航空灾难以及灾难诱发因素的出现，减少甚至避免航空运输灾害造成的有形或无形危害，保证航空运营处于有序的安全状态。

　　中国民航国际化的趋势日趋明显，为加强民航教育的国际竞争能力，中国民用航空局积极推动民航教育的质量工程研究，飞行技术专业作为民航教育特色专业成为民航教育质量工程关注的重点所在，因而，探讨在新形势下如何培养我国飞行员的职业素质具有十分重要的意义。

　　本书围绕"航空安全管理及飞行员的职业培养探索"展开论述，在内容编排上共设置五章，第一章作为本书论述的基础和前提，主要阐释安全管理的基本理论、航空安全管理及其范畴、航空安全管理的组织体系、无人机安全管理的控制技术；第二章从四个方面——设备因素、人为因素、环境因素、管理因素研究航空安全的影响因素；第三章探讨航空飞行安全及预警救援，内容涵盖航空飞行操作信息获取与错觉、航空飞行人员的判断与决策、航空安全预警管理机制、航空安全的危机应急救援；第四章研究飞行员职业素质训练，内容囊括飞行员素质对飞行安全的影响、飞行员身体素质与训练提升、飞行员心理选拔与训练提升、飞行员职业培养模式的提升路径；第五章探索航空文化发展及飞行员的文化塑造，内容包含航空安全文化对多成员机组安全飞行的影响、航空文化发展对飞行员的培养、飞行员人文格调的文化塑造。

　　本书体系完整、视野开阔，层次清晰，汲取了航空安全管理及飞行员职业培养的最新研究成果，拓展、完善了航空安全管理的理论体系，可读性、实用性较强，内容全面，具有一定的时代性与创新性。

　　笔者在撰写本书的过程中，得到了许多专家学者的帮助和指导，在此表示诚挚的谢意。由于笔者水平有限，加之时间仓促，书中所涉及的内容难免有疏漏之处，希望各位读者多提宝贵意见，以便笔者进一步修改，使之更加完善。

目 录

第一章　航空安全管理理论及体系 1
第一节　安全管理的基本理论 1
第二节　航空安全管理及其范畴 12
第三节　航空安全管理的组织体系 18
第四节　无人机安全管理的控制技术 25

第二章　航空安全的影响因素研究 30
第一节　设备因素对航空安全的影响 30
第二节　人为因素对航空安全的影响 34
第三节　环境因素对航空安全的影响 42
第四节　管理因素对航空安全的影响 48

第三章　航空飞行安全及预警救援 52
第一节　航空飞行操作信息获取与错觉 52
第二节　航空飞行人员的判断与决策 57
第三节　航空安全预警管理机制 60
第四节　航空安全的危机应急救援 69

第四章　飞行员职业素质训练 86
第一节　飞行员素质对飞行安全的影响 86
第二节　飞行员身体素质与训练提升 89
第三节　飞行员心理选拔与训练提升 93
第四节　飞行员职业培养模式的提升路径 116

第五章 航空文化发展及飞行员的文化塑造 119
第一节 航空安全文化对多成员机组安全飞行的影响 119
第二节 航空文化发展对飞行员的培养 124
第三节 飞行员人文格调的文化塑造 127

结束语 129

参考文献 130

第一章　航空安全管理理论及体系

航空安全管理体系是多方面、多层次的交叉管理。多方面性，表现在将管理科学、灾害学、安全科学、系统科学、复杂科学、故障诊断学、统计学等知识综合应用于航空安全管理实践；多层次性，表现在航空安全管理要探究民航系统中的个体、群体及航空企业组织行为的失误失常规律。本章重点阐述安全管理的基本理论、航空安全管理及其范畴、航空安全管理的组织体系、无人机安全管理的控制技术。

第一节　安全管理的基本理论

安全管理学是将安全与管理学相结合而发展起来的一门新兴学科。它从安全问题的诱发因素入手，运用管理学相关知识和理论进行安全生产管理，以科学的管理方法和系统、有效的管理机制扼制事故的发生，达到防患未然、安全生产的最终目的。

一、安全管理的定义

关于管理的概念，提法各有不同。最通行的管理的定义是：管理者为了达到一定的目的，对管理对象进行的计划、组织、指挥、协调和控制的一系列活动。

企业管理系统含有多个具有某种特定功能的子系统，安全管理就是其中的一个。这个子系统是由企业中有关部门的相应人员组成的。安全管理就是管理者对安全生产进行计划、组织、指挥、协调和控制的一系列活动。安全管理的内容是为贯彻执行国家安全生产的方针、政策、法律和法规，确保生产过程中的安全而采取的一系列组织措施。安全管理的目的是保护职工在生产过程中的安全与健康，保护国家财产不受到损害，促进社会主义建设顺利进行。

二、安全管理的分类

（1）从宏观和微观的角度，对安全管理加以分类。

宏观的安全管理：从总体上看，凡是保障和推进安全生产的一切管理措施和活动都属于安全管理的范畴，即泛指国家从政治、经济、法律、体制、组织等各个方面所采取的措施和进行的活动。作为一个安全管理工作者，对国家有关安全生产的方针、政策、标准、体制、组织结构以及经济措施等均应有深刻的理解、全面的掌握。

微观的安全管理：指经济和生产管理部门以及企事业单位所进行的具体的安全管理活动。

（2）从广义和狭义，对安全管理加以分类。

广义的安全管理：泛指一切保护劳动者安全健康、防止国家财产受到损害的管理活动。从这个意义上讲，安全管理不但要防止劳动中的意外伤亡，也要对危害劳动者健康的一切因素进行斗争。

狭义的安全管理：指在生产过程或与生产有直接关系的活动中防止意外伤害和财产损失的管理活动。

三、安全管理的原理

安全管理是企业管理的重要组成部分。下述的两种适用于安全管理的原则及其相关原则均有其特别性。

（一）预防原理

安全管理工作应当以预防为主，即通过有效的管理和技术手段，防止人的不安全行为和物的不安全状态出现，从而使事故发生的概率降到最低，这就是预防原理。实际上，要预防全部的事故发生是十分困难的，因此，采取充分的善后处理对策也是必要的。安全管理应该坚持"预防为主，善后为辅"的科学管理方法。

运用预防原理必须遵循以下原则：

（1）偶然损失原则。事故所产生的后果（人员伤亡、健康损害、物质损失等），以及后果的大小如何，都是随机的，是难以预测的。反复发生同类事故，并不一定产生相同的后果，这就是事故损失的偶然性。根据事故损失的偶然性，我们可得到安全管理上的偶然损失原则，即无论事故是否造成了损失，为了防止事故损失的发生，唯一的方法是防止事故再次发生。这个原则强调在安全管理实践中，一定要重视各类事故（包括险肇事故），只有把险肇事故都控制住，才能真正防止事故损失的发生。

（2）因果关系原则。因果关系就是事物之间存在着一事物是另一事物发生的原因这种关系。掌握事故的因果关系，砍断事故因素的环链，就消除了事故发生的必然性，就可能防止事故的发生。事故的必然性中包含着规律性。从事故的因果关系中认识必然性，发现事故发生的规律性，变不安全条件为安全条件，把事故消灭在早期起因阶段，这就是因果关系原则。

（3）"3E"原则。造成人的不安全行为和物的不安全状态的主要原因可归结为四个方面：技术的因素、教育的因素、身体和态度的因素及管理的因素。针对这四个方面的原因，可以采取三种防止对策，即工程技术对策（Engineering）、教育对策（Educating）和法制对策（Enforcement），这三种对策就是"3E"原则。"3E"原则在应用时，首先是工程技术，其次是教育训练，最后才是法制。

（4）本质化原则。所谓本质上实现安全化（本质安全化）指的是设备、设施或技术工艺含有内在的能够从根本上防止发生事故的功能。它包含三个方面的内容：①失误—安全功能；②故障—安全功能；③前两种安全功能应该是设备、设施本身固有的，即在它们的规划设计阶段就被纳入其中，而不是事后补偿的。本质安全化是安全管理预防原理的根本体现，也是安全管理的最高境界，实际上目前还很难做到，但是我们应该坚持这一原则。

（二）强制原理

采取强制管理的手段控制人的意愿和行动，使个人的活动、行为等受到安全管理要求的约束，从而实现有效的安全管理，这就是强制原理。鉴于事故损失的偶然性、人的"冒险"心理，以及事故损失的不可挽回性三个方面，安全管理更需要强制性。

与强制原理有关的原则有以下两点：

（1）安全第一原则。安全第一就是要求在进行生产和其他活动的时候把安全工作放在一切工作的首要位置。这是安全管理的基本原则，也是我国安全生产方针的重要内容。该原则强调，必须把是否安全生产作为衡量企业工作好坏的一项基本内容，作为一项有"否决权"的指标，不安全不准进行生产。要坚持安全第一原则，就要建立和健全各级安全生产责任制，从组织上、思想上、制度上切实把安全工作摆在首位，常抓不懈，形成"标准化、制度化、经常化"的安全工作体系。

（2）监督原则。为了促使各级生产管理部门严格执行安全法则、法规、标准和规章制度，保护职工的安全与健康，实现安全生产，必须授权专门的部门和人员行使监督、检查和惩罚的职责，以揭露安全工作中的问题，督促问题的解决，追究和惩戒违章失职行为，这就是安全管理的监督原则。我国的安全监督分为国家监督（或监察）、企业监督、群众监督三个层次。这三个层次性质不同，地位不同，所起的作用也不同。它们相辅相成，构成了一个有机的监督体系。

四、安全管理的方法

（一）事故预防与控制措施

事故预防与控制包括两部分内容，即事故预防和事故控制，前者是指通过采用技术和管理的手段使事故不发生，而后者是通过采用技术和管理手段，使事故发生后不造成严重后果或使损失尽可能地减少。最典型的例子是火灾的预防和控制，通过规章制度和采用不可燃或不易燃材料可以避免火灾的发生，而火灾报警、喷淋装置，应急疏散措施和计划等则是在火灾发生后控制火灾和损失的手段。

对于事故的预防与控制，应从安全技术、安全教育、安全管理三个方面入手，采取相应措施。换言之，为了防止事故发生，必须在上述三个方面实施事故预防与控制对策，而且还应始终保持三者间的均衡，合理地采取相应措施，或结合使用措施，才有可能搞好事故预防工作。因此，事故的预防主要有：

（1）采取安全法制措施，控制人的不安全行为。

（2）采取安全技术措施，控制物的不安全状态。

（3）采取安全管理措施，提高系统整体的安全性。

安全法制措施是利用法律的强制性，通过建立、健全劳动卫生法律、法规，约束人们的行为，通过劳动安全卫生监督、监察，保证法律、法规的有效实施，从而达到预防事故发生的目的；安全技术措施是安全措施的首选措施，通过工程项目和技术改进，可实现本质安全化；安全管理措施主要是通过对安全工作的计划、组织、控制和实施实现安全目标，它是实现安全生产重要的、日常的、基本的措施。

这里，安全技术对策着重解决物的不安全状态问题，安全教育对策和安全管理对策则主要着眼于人的不安全行为问题，具体地，安全教育对策主要是使人知道应该怎么做，而安全管理对策则是要求人必须怎么做。

从现代安全管理的观点出发，安全管理不仅要预防和控制事故，而且要给劳动者提供一个安全舒适的工作环境。以此为出发点，我们可知安全技术对策理论上应是安全管理工作者的首选，即应尽可能地以技术的手段保证安全。因为无论是安全教育还是安全管理，都不可能完全避免人的失误或者说人的不安全行为。安全技术对策在技术和经济上的可行性也是必须要关注的问题。

（二）安全目标管理

所谓目标管理，就是根据目标进行管理，即围绕确定目标开展一系列的管理活动。目标在企业管理中具有导向作用、组织作用、激励作用、计划作用和控制作用，是一切管理活动的中心和方向，它决定了组织最终目的执行时的行为导向，考核时的具体标准，纠正偏差时的依据。总之，在组织内部，依据组织的具体情况设定目标是管理工作的重要方法和内容。

目标管理的基本思想是：根据管理组织在一定时期的总方针，确定总目标；然后将总目标层层分解，逐级展开，通过上下协调，制订出各层次、各部门直至每个人的分目标，使总目标指导分目标，分目标保证总目标，从而建立起一个自上而下层层展开、自下而上层层保证的目标体系；最终把目标完成情况作为绩效考核的依据。

安全目标管理是目标管理方法在安全工作中的应用，是企业目标管理的重要组成部分，是围绕实施安全目标开展安全管理的一种综合性较强的管理方法。其基本内容包括：安全目标体系的设定、安全目标的实施、安全目标的考核与评价。

安全目标设定的依据如下：

（1）党和国家的安全生产方针、政策，上级部门的重视和要求。

（2）本系统、本企业安全生产的中、长期规划。

（3）工伤事故和职业病统计数据。

（4）企业长远规划和安全工作的现状。

（5）企业的经济、技术条件。

目标设定要突出重点，具有先进性、可行性、全面性、灵活性并尽可能数量化，与措施相对应。其内容包括目标和保证措施两部分。目标是指需达到的各项指标，保证措施则是指技术措施、组织措施以及措施进度和责任者。

企业的总目标设定以后，必须按层次逐级进行目标的分解落实，将总目标从上到下层层展开，从纵向、横向或时序上分解到各级、各部门直到每个人，形成自下而上层层保证的目标体系。这种对总目标的逐级分解或细分解称为目标分解。目标分解一般有三种形式：①按管理层次纵向分解，即将总目标自上而下逐级分解为每个管理层次直至每个人的分目标；②按职能部门横向分解，即将目标在同一层次上分解为不同部门的分目标；③按时间顺序分解，即总目标按照时间的顺序分解为各时期的分目标。只有综合应用这三种方法，横向到边，纵向到底，结合不同时期的工作重点，才能构成科学、有效的目标体系。

实施安全目标管理应注意：①加强各级人员对安全目标管理的认识；②企业要有完善的系统的安全基础工作；③安全目标管理需要全员参与；④安全目标管理需要责、权、利相结合；⑤安全目标管理要与其他安全管理方法相结合。

（三）安全技术措施计划

安全技术措施计划（即劳动保护措施计划）是企业为了保护职工在生产过程中的安全和健康，在本年度或一定时期内根据需要而确定的改善劳动条件的项目和措施。编制安全技术措施计划可以使企业劳动条件的改善计划化和制度化，可以合理使用有限资金，调动职工积极性，减少决策失误。

编制安全技术措施计划的依据是：①党中央、国务院发布的有关安全生产的方针政策、法律法规等；②国务院所属各部委与地方人民政府发布的行政法规和技术标准；③在安全卫生检查中发现的尚未解决的问题；④因生产发展需要所应采取的安全技术与劳动卫生技术措施；⑤安全技术革新的项目和职工提出的合理化建议。编制安全技术措施计划要从实际出发，区别轻重缓急，突出治理重点，要与技术改造、技术革新、工艺改造相结合，并纳入企业生产经营计划中。

安全技术措施计划应包括：①措施名称及所在车间；②目前安全生产状况及拟定采取的措施；③所需资金、设备、材料及来源；④项目完成后的预期效果；⑤设计施工单位或负责人；⑥开工及竣工日期。

（四）安全教育和安全检查

安全教育是企业为提高职工安全技术水平和防范事故能力而进行的教育培训工作。它是企业安全管理的重要内容，与消除事故隐患、创造良好劳动条件相辅相成，不可或缺。开展安全教育是掌握各种安全知识、避免职业危害的主要途径，是企业发展经济的需要，是适应企业人员结构变化的需要，是搞好安全管理的基础性工作，也是发展、弘扬企业安全文化，把安全生产向广度和深度发展的需要。安全教育的内容主要包括：安全生产思想教育，安全生产方针政策教育，安全技术和劳动卫生知识教育，典型经验和事故教训教育等。安全教育应注意教育形式多样化、教育内容规范化、教育要有针对性、要充分调动职工的积极性等问题。

安全检查是企业根据生产特点，对生产过程中的安全进行经常性的、突击性的或者专业性的检查活动，是我国最早建立的安全生产的基本制度之一。安全生产检查可分为经常性安全检查、安全生产大检查、专业性检查、季节性检查和节假日前后的检查等。概括地讲，安全检查的内容包括查思想认识、查现场、查隐患、查制度以及查整改。在进行安全检查前应组建安全检查组，做好思想和物质上的准备并明确检查目的和要求。检查中要把自查与互查相结合，坚持做到边查边改，认真落实整改工作。安全检查只是一种手段而非目的，开展监督检查，是为了使安全检查的最终目的得以实现，保障企业在安全的状态下进行生产。

五、安全管理的职责

在实施航空安全管理政策、程序以及执行方案时，安全和有效管理责任由各种组织机构分担，其中包括国际组织、国家民用航空管理当局、航空器所有人和经营人、空中航行服务提供者、机场、航空器和动力装置主要制造商、维修组织、行业和专业协会、航空教育和培训机构等。此外，提供航空服务的第三方（包括合同服务）同样承担着安全管理的责任。总的来说，这些职责具体如下：

（1）确定安全相关政策与标准。

（2）分配维持风险管理活动所需的资源。

（3）查明和评估安全风险。

（4）采取措施排除危险或把风险的相关水平降低到既定的可接受水平。

（5）将技术进步纳入设备设计和维护过程中。

（6）进行安全监督及安全方案评估。

（7）调查事故和严重事故征候。

（8）采取最合适的、最好的行业做法。

（9）促进航空安全（包括交换与安全有关的信息）。

（10）及时更新民用航空安全管理规章。

下面将分别介绍民用航空安全管理组织体系中各机构及部门的具体职责。

（一）国际民用航空组织（ICAO）

从管理角度看，国际民用航空组织的作用是为国际航空器运行的安全管理提供程序和指导以及促进全球航空运输的规划与发展。这一宗旨主要是通过制定标准和建议措施来实现的，标准和建议措施载于《国际民用航空公约》（又称《芝加哥公约》）的各附件中，反映了各国最好的运行经验。空中航行服务程序（PANS）包含标准和建议措施范围以外的一些做法，为了安全和效率，这些做法需要一定程度的国际统一。空中航行规划详细叙述了国际民用航空组织各地区特定设备和服务的要求。实质上，这些文件确定了促进航空安全及效率的基本国际框架。

除了这些监管框架以外，国际民用航空组织还通过推广最好的安全做法，为安全管理作出贡献。更具体地说，国际民用航空组织的职责包括：

（1）为国家和经营人提供涵盖航空安全的绝大部分方面的指导材料（包括飞行、适航、空中交通服务、机场及机场保安等）。通常，这些指导材料以手册或通告的形式发出。

（2）通过编写安全管理手册的方式，说明安全管理的原则，并为实施有效的安全管理方案提供指导。

（3）确定事故和事故征候调查和报告的国际程序。

（4）通过以下方式促进航空安全：

①以事故和事故征候报告（ADREP）系统及其他途径，共享全球事故和事故征候信息。

②以各类出版物的方式传递航空安全信息。

③组织或参与研讨航空安全特定问题（即事故调查、事故预防和人的因素）的会议和研讨会等。

（5）根据全球普遍安全监督审计计划（USOAP）对缔约国进行审计，通过安全审计实现对缔约国安全管理能力的监督。

（二）国家

国家肩负着建立安全和高效的飞行环境的重要职责。缔结《芝加哥公约》的国家，不管采用何种风险管理方法，均有义务执行国际民用航空组织的标准和建议措施。为此，各缔约国必须按照国际民用航空组织的基本要求，履行以下职责：

（1）为管理国家的航空系统提供必要的法律及管理规定。有效安全管理体系的基本法律框架应涉及以下领域：

①国家航空法应确定国家商业航空和私人航空的目标。一般地说，国家航空法包括国家的航空安全观，并明确为实现这些目标的主要责任、问责办法和权力。

②航空器及其零部件制造和贸易方面的法律用于规范安全的航空设备和服务的生产和销售。

③劳动法（包括职业安全和健康法）用于为保障航空从业人员能够安全履行其职责所应具备的工作环境确定基本的管理规则。

④保安法用于促进工作场所的安全，例如管理谁能进入运行区，以及在什么样的条件下可进入运行区，同时保安法还可以起到保护安全信息源的作用。

⑤影响机场和导航辅助设备选址的环境法可对飞行运行（例如降低噪声程序）产生影响。

（2）建立拥有确保规章得到遵守的必要权力的适当的国家机构，这一机构通常被称为民用航空管理局。这一职责包括以下内容：

①确立必要的法定权威机构或代表机构来管理规范航空业。

②确保配备足够的合格技术官员。

③保持有效的安全监督系统以评估管理要求贯彻执行的情况。

（3）建立适当的安全监督机制，以确保经营人和服务提供者在其运营中维持可接受的安全水平。安全高效的航空环境依赖于重要的航空基础设施和服务，包括机场、导航设备、空中交通管理、气象服务、飞行信息服务等。一些国家拥有并运营自己的航行服务部门和主要机场，还有一些国家拥有并运营自己的国家航空公司。然而，许多国家将这些运营业务公司化，在国家的监督下运营。不管采取什么方法，国家都必须确保维持航空业的基础设施和服务，以满足国际义务和国家的需求。

各国均有责任在国际航空界中做一名"好成员"。各国要做到这一点的最好办法是确保遵守《芝加哥公约》和国际民用航空组织的标准和建议措施。当一个国家无法使国家法律和规章与标准和建议措施相一致时，该国就必须申报"差异"。国际民用航空组织公布这些差异以便其他国家了解这些与国际上商定的标准的差异。

（三）民用航空管理局

已经制定了适当的航空法规的国家必须建立专门的国家民用航空管理机构，以制定国家据以实施其安全方案的规则、规章和程序。基本上，由民用航空管理局对遵守国家航空安全的法律和规章以及实现国家的安全目标进行必要的监督。

（四）制造商

制造商的主要责任在于每一代新设备都应该在最新"技术发展水平"和运行经验的基础上对原有设备进行改进。制造商生产的航空产品必须符合适航及其他国内和国际标准并满足购买者经济需求和性能需求。制造商应提供支持其产品的手册和其他文件。在某些国家，这可能是为特定型号的航空器运营或设备部件操作使用的唯一指导材料。因此，由制造商提供的文件的标准是很重要的。此外，通过提供产品技术支持和培训等方法，制造商还可提供特定设备部件的安全记录或部件的使用记录。

另外，大型航空器制造商设有积极的安全部门，其职责包括：监视航空器的使用情况，为制造过程提供反馈并向其客户航空公司传播安全信息，为更好地促进全球航空安全运行起到积极的作用。

（五）航空器运营人

大型航空公司所采用的许多安全管理活动，通常是在遵守国际民用航空组织标准和建议措施及国家规章要求的前提下，由安全管理办公室执行。安全管理办公室负责监控公司的总体运行情况，并且就排除或避免已识别出的危险或把相关风险降到可接受水平需要采取的行动，向公司管理层提出独立的建议。

在公司内，管理者拥有管理安全风险的权力和责任，通过制订识别危险、评估风险、风险分级的系统方法，减少或排除构成最大潜在损失的那些危险来履行其职责和行使其权力。唯有管理者才有能力对组织的结构、人员配备、设备、政策和程序进行变更。

最重要的是，管理者决定组织的安全文化。如果没有管理者对于安全的全心全意的承诺，安全管理将收效甚微。通过积极加强安全措施，管理者向所有员工传达了一个领导真正关心安全、员工也应当真正关心安全的信息，并需要把安全作为组织的一项核心价值标准。为此可设立总目标和安全目标，然后就如何实现这些目标对管理者和员工实行问责。

（六）航空服务提供者

安全和高效的飞行取决于有效提供各种独立于航空器经营人的服务，例如：空中交通管理、机场运营（包括机场应急服务）、机场保安、导航和通信设备等。

从传统上看，这些服务通常是由国家通过其民用航空或军航当局来提供的。然而，一些国家的民用航空当局发现，在既作为管理者又作为服务提供者的这种国家的双重角色中存在着潜在的利益冲突。此外一些国家相信，将航空器经营人的服务特别是将空中交通服务和机场运营公司化（或私有化）可以提高运营效率并具有经济意义。因此，越来越多的国家下放了提供许多该服务的责任。不管是航空服务的所有者还是管理机构，责任经理均应在其专门技术领域内建立并实施安全管理体系。

（七）第三方承包商

在诸如加油、配餐和其他航空器地面服务、航空器保养和大修、跑道和滑行道的建造和维修、机组人员培训、飞行计划、飞行签派和飞行跟踪等领域，提供支持飞行运行的服务往往涉及私人承包商。

不管是对大公司承包商还是对小企业的企业主，签约单位（如航空公司、机场经营人或空中航行服务提供者）均负有管理承包商承担的安全风险的全部责任，合同必须规定应达到的安全标准。因此，签约单位有责任确保承包商遵守合同中规定的安全标准。

安全管理体系必须确保一个组织的安全水平不因外部组织所提供的投入品和供应品而受到损害。

（八）行业和专业协会

行业和专业协会在安全管理中同样起着重要作用。为提高商业利益，通常组成国际、国家和地区利益相关者协会；然而，利益相关者越来越认识到航空安全和盈利率之间的紧密联系，认识到一个航空公司发生的事故可损害他们自身的商业利益。因此，航空公司协会积极地关注着行业在技术、程序和做法等方面的发展，同时协会成员在识别危险、减少或排除这些缺陷的行动中进行合作。目前，许多航空公司可以通过此种协会来交流安全相关数据，以加强公司的航空安全管理。同样，代表不同专业群体如飞行员、空中交通管制员、航空器维修工程师和客舱乘务员利益的专业协会，也积极地致力于安全管理，通过研究、分析和倡导宣传，为识别和减少安全风险提供各种专题的专业知识。

越来越多的航空公司与其他航空公司合作或结成联盟，通过代码共享协议拓展了其有效的航线结构。如果实施某一航段飞行任务的航空公司不是乘客所期望的那一家，那么这些安排有可能带来安全问题。没有哪个航空公司愿意和不安全的合作伙伴联系在一起。为了保护自身利益，联盟的合作伙伴相互之间进行安全审计，从而提高航空公司的安全水平。

尽管上述组织中各个环节均有特定的安全管理任务和责任，但是航空的国际性质要求各个环节应努力联合成为统一的全球航空安全系统，这就需要在各个层次和水平上的合作与协助。这些国际合作与协助可以通过企业协会（如国际航空运输协会）、国家和国际航空协会（如全国商用航空协会）、国际联合会（如航空公司驾驶员协会国际联合会）、国际安全组织（如飞行安全基金会和国际航空安全调查员协会）、行业/政府团体（如商业航空安全小组和全球航空信息网）等方式，有效地沟通和交换与安全相关的信息和知识，更好地促进航空运输业的发展。

第二节　航空安全管理及其范畴

一、航空安全

安全是系统的一种"无危险的状态"。安全的基本含义是不产生伤害，不导致风险，不造成损失。安全标准是无危险的状态。安全的基本目标就是阻止或消除风险变成危险的可能性。风险是指有发生危险的可能性，当危害超出允许的界限或标准时，风险就可能变成现实的危险，此时系统由安全变为不安全。危险意味着可能发生危害的可能性。安全与否，关键在于它当前所处的状态是否存在危险因素。存在危险，系统就不安全。

航空安全是指民用航空安全生产运行系统处于一种无危险的状态。目前国际民航界一般用事故、事故征候、空难等航空器运行安全事件作为衡量一个国家或地区民用航空安全的主要指标。

（一）事故

凡属飞机上正常情况下经常发生的事情，不是事故。飞机上发生的事故必须是一种异常的、意外的、少见的事情。凡纯属旅客健康状况引起的，或者与飞行无关的事情或事件，都不是事故。这个定义是综合英、法等国传统法律概念，并按航空特点表述的，受到普遍肯定与引用。

国际民航组织理事会在《国际民用航空公约》中，将事故定义为在任何人登上航空器准备飞行直至所有这类人员下了航空器为止的时间内，所发生的与该航空器操作使用有关的事件，在此事件中包括以下情况：

（1）有人因在航空器内，或因与航空器的任何部分包括已脱离航空器的部分直接接触，或因直接暴露于喷流而受致命伤或重伤。

（2）航空器受到损坏或结构破坏，对结构强度、性能或飞行特性有不利影响。

（3）航空器失踪或处于完全不能接近的地方。

（二）空难

民航界一般将空难界定为由飞机、飞艇、气球、宇宙飞船等航空器具发生的伤亡事故。民航业最权威的国际民用航空组织将空难界定为飞机等在飞行中发生故障、遭遇自然灾害或其他意外事故所造成的灾难。

（三）事故征候

依据《国际民用航空公约》中的规定，事故征候不是事故，指在飞行中未造成事故那类后果，但危及飞行安全的一切反常情况。中国民用航空局规定事故征候是指不是事故而是与航空器的操作使用有关，会影响或可能影响操作使用安全的事件。

目前评估民航业和航空公司是否安全、安全程度如何，均以是否发生事故、发生事故多少为标志，并且对事故的界定都基于航空器运行过程中的危险状态，不能完整表述航空组织在安全生产运营过程中的安全事件及其影响，如飞机噪声和尾气污染事件，有毒和放射性物品泄漏造成的生态环境污染事件，冰雹、沙尘暴、雷暴等自然灾害造成的安全事件，搜寻与救援中人员及设备受到损坏和伤害的危险等。

二、航空安全管理

航空安全管理是指航空管理者对航空安全生产进行的计划、组织、指挥、协调和控制的一系列活动，以保护从业人员在生产过程中的安全与健康，保护国家和集体的财产不受损害，促进航空企事业单位改善管理，提高效益，保障航空事业的顺利发展。这一系列活动可以简略地看作PDCA循环的过程（P—Plan，计划；D—Do，实施；C—Check，检测；A—Action，处理行动）。

航空安全管理是一系列复杂的活动，如安全生产工作方针和政策的制定、安全规划、安全运行规章制定和实施、安全管理机构的设置、安全管理人员的选取和培训、安全监督和检查、安全教育、安全审计、安全评价等。这些活动贯穿整个航空运行流程，保障航空生产安全进行。"航空安全管理的方法是结合航空事故及航空灾害的发生、发展规律，从管理学的角度对航空灾难的诱因与早期的征兆进行监控、甄别、解决与评价进行分析，并且根据它的输出结果来提出危机管理的预防与解决之策，从而使航空管理系统能够在原有的组织功能基础之上去重新构建预警管理体系。以空中管制机构、航空公司、机场为主线，建构航空安全预警管理系统，预警和预控航空事故及灾害的发生，减少灾后的损失"。[1]

国际民用航空组织针对现代民航发展的状况和特点，明确提出现代航空安全管理的责任，即：①贯彻最新的民航安全规章；②制定关于安全的政策和程序；③安全管理活动的资源分配；④采纳行业最优的管理方法。

国际民用航空组织还要求现代航空安全管理的主要内容至少包括以下11个方面：

（1）高层管理者的安全管理承诺。

（2）培养积极的安全文化。

（3）定期并根据正式的程序回顾安全改进的情况。

（4）通过系统持续监控，收集、分析并分享日常操作中出现的与安全相关的信息。

（5）通过在公司和相关方进行积极的安全信息交流，共享安全经验和良好的管理经验。

---

[1] 樊圣至.航空安全管理探析[J].电子制作，2013（23）：241.

（6）针对不同人员的安全培训。

（7）基于风险管理的结果配置资源。

（8）建立易于接近的安全信息收集系统。

（9）建立安全管理的管理要求，并有计划地进行审核。

（10）建立内部调查和采取纠正措施的系统；并明确调查的目的是识别系统的安全缺陷，而不是追究责任。

（11）成立专家小组，持续评估安全管理的有效性。

三、航空安全管理的范畴

通常来讲，航空安全包含飞行安全、空防安全、客舱安全、航空地面安全、危险品运输和搜寻与救援六大方面。

（一）飞行安全

飞行安全，是指航空器在运行中处于一种无危险的状态，也指民用航空器在运行过程中，不出现人员伤亡和航空器损坏的事件。

不同的国家或地区，对于民用航空器飞行安全的运行范围有不同的界定。概括起来有以下四种：

（1）航空器从跑道上起飞滑跑开始时起，到航空器在跑道上降落滑跑结束时止的时间内，不出现航空器上的人员伤亡和航空器损坏事件。

（2）航空器为了执行飞行任务取下轮挡从停机坪上滑行开始时起，到航空器在停机坪上放置轮挡停止时止的时间内，不出现航空器上的人员伤亡和航空器损坏的事件。

（3）航空器为了执行飞行任务从航空器开始启动发动机时起，到航空器结束飞行任务关闭发动机时止的时间内，不出现航空器上的人员伤亡和航空器损坏的事件。

（4）航空器为了执行飞行任务从旅客和机组登上航空器时起，到旅客和机组走下航空器时止的时间内，不出现航空器上的人员伤亡和航空器损坏的事件。

飞行安全是衡量一个国家的民航事业和一个航空公司的经营管理状态的主要指标。但是，航空器是在空中运行的，航空器的设计制造和维护修理难免有缺陷；航空器的运行环境，包括人工环境和自然环境，如机场、航路、天气、地形、通信、导航等，复杂多变，机组操作有时也会失误。因此，国际上通常采用为大家所接受的一种指标，衡量一个国家或一个航空公司的飞行安全水平。

目前，全世界普遍的方法是把定期飞行的亿客公里死亡率、亿飞行公里事故率、100万飞行小时事故率、10万起降架次事故率作为指标，衡量一个国家、一个航空公司的飞行安全水平，尤其以100万飞行小时事故率最为常用。这说明，民航是否安全、安全程度如何，均以是否发生事故、发生事故多少为标志。

（二）空防安全

空防安全通常是指为了有效预防和制止人为的非法干扰民用航空的犯罪与行为，保证民用航空活动安全、正常、高效运行所进行的计划、组织、指挥、协调、控制，以及所采取的法律规范和技术手段的总和。

空防安全工作的主要内容是"有效地预防和制止"。

所谓"预防"，就是通过采取有效的手段和措施，将可能发生的危及空防安全的事件消除在发生之前，这是空防工作的重点。具体内容：对乘机人员和货物进行严格的检查，以防止将危及飞机和人员安全的危险物品带上飞机；对飞行器和飞行设施进行安全保卫，防止无关人员接触；对乘机人员的行为进行规范，制定一系列法律、法规，这些措施的实施，有效地堵塞了漏洞，消除了隐患，使空防工作变被动为主动，保证了空防安全。

所谓"制止"，即指在危及空防安全的事件发生时，及时采取措施，以确保飞机和人员生命财产安全，维护航空器内良好秩序和纪律为原则，平息事态发展。

一般地，民航的空防安全可以分为"地面防"和"空中反"两个方面。民用机场和地面相关部门的职责是做好"地面防"；航空公司主要从"空中反"入手，如在飞机上配备专职的航空安全员，有效地打击机上的犯罪行为，维护机上秩序和纪律。

（三）客舱安全

客舱安全通常是指为在飞行器上或在飞行器周围的乘客与机组人员，在飞机停于停机坪时，登机与下机阶段，飞机在飞行阶段提供一个安全环境的领域和在事故中减少伤亡。

如果没有客舱安全作为支持，也就没有飞行安全，更无从谈起提供优质的客舱服务。从人的因素的角度看，飞机的客舱无疑是人员数量最多，也是人的因素最多最集中的地方：

（1）当考虑导致不安全情况可能性的方面时，由于客舱人员数量最多，从概率论的角度来讲，由人作出的不安全行为也就越多，因此可能造成的不安全事件也相应较多。

（2）由于客舱人员数量多，一旦发生事故或事故征候，被加害者也多集中于客舱，客舱是受害受伤的直接发生地点。因此，客舱安全的地位是十分突出的，搞好客舱安全也是十分必要的。如果忽视客舱安全，则直接受损的不只是仪器设备这些可以再生产的资源，更重要的是人民生命财产的损失。

客舱安全包括机舱及其出口的安全、机舱配置及设备的安全和人的安全。客舱安全的主要内容包括客舱设计和开发、仪器设备、程序、人员训练、人的因素、乘客管理等。

（四）航空地面安全

航空地面安全主要指航空活动地面的持续安全状态以及维护安全的措施和相关机构。航空地面安全范畴比较大，主要包括飞行区安全、飞行活动区道路交通管理、机场安全保卫、地面安全保障、地面勤务与紧急救援。

（五）危险品运输

危险品是指对健康、安全、财产或环境构成危险，并在技术细则的危险品清单中列举的物品或物质。危险品分为爆炸品、压缩气体和液化气体、易燃液体和易燃固体、自燃物品和易燃物品、氧化剂和有机过氧化物、毒害品和感染性物品、放射性物品、腐蚀品及其他（杂类）9类。

航空危险物品运输主要是由航空运输的特殊条件及危险物品的性质来决定的。飞机在飞行过程中发生事故的难以预料性和出现事故时的不可挽救性以及航空运输过程中温度、湿度、压力或振动发生的巨大变化，要求危险物品在正常空运条件下不能发生任何泄漏、燃烧等事故，不能有任何影响飞机正常飞行和损害乘客、机组人员身体健康的事故发生，危险物品只有经过正确的鉴定、包装，满足航空运输飞行特殊条件的要求才能够运输。这与公路、铁路危险品运输有着本质的区别。

（六）搜寻与救援

民航搜寻救援相关定义主要包括：

（1）搜寻——通常由援救协调中心或援救分中心利用现有人员和设施，确定遇险人员位置的工作。

（2）援救——找回遇险人员，为其提供初步的医疗或其他需要，并将其送往安全地点的工作。

（3）搜寻与援救航空器——配备有适合高效从事搜寻与援救任务的专用设备的航空器。

（4）搜寻与援救服务——通过利用合作使用航空器、船只和其他航空和水上装置等公共和私人资源，对遇险情况履行监控、联络、协调及搜寻与援救、初步医疗援助或医疗转运职能。

（5）搜寻和援救设施——用于实施搜寻和援救工作的任何移动资源，包括指定的搜寻和援救单位。

搜寻与救援的主要内容包括：搜寻与救援方案的制订，搜寻与救援系统建立，搜寻与救援的实施等。

第三节　航空安全管理的组织体系

按照政企分开、转变职能、加强监管、保证安全的目标，我国建立起了与民用航空事业发展相适应的民用航空地区行政管理机构，实行中国民用航空局和中国民用航空地区管理局两级行政管理体制，即"两级政府"。"三级管理"则是指由民用航空局、民用航空地区管理局及地区管理局的派出机构安全监督管理局共同组成并实施的安全管理体系。

在我国民用航空安全管理组织体系中，政府的安全管理活动主要集中在立法决策、组织实施以及监督检查等宏观管理层面，民用航空企业的安全管理活动则主要集中在组织实施、监督检查和执行操作等微观管理层面。

"两级政府""三级管理"的安全组织体系，实现了对中国民用航空安全的全面管理，保障了中国民用航空的安全，促进了中国民用航空业快速、健康、安全的发展。

一、中国民用航空局

在经历了数次职能调整后，中国民用航空局根据行政权力和飞行安全管理相对高度集中的行业特点，按照建立社会主义市场经济体制的要求，进一步实行政企分开，切实转变职能，以"安全第一，正常飞行，优质服务"为中心，加强飞行安全管理，空中交通管理，航空运输市场管理，机场安全运行管理以及民用航空发展规划、宏观调控、行业政策、依法监督等行业管理的职能，将民用航空的管理职责、组织进行民用航空科技成果推广应用的职责、民用航空运输服务标准及质量的监督检查和受理用户投诉的职责，交给民用航空企业、科研单位或社会中介机构来承担。

中国民用航空局主要的职责包括：

（1）研究并提出民用航空事业发展的方针、政策和战略；拟定民用航空法律、法规草案，经批准后监督执行；推进和指导民用航空行业体制改革和企业改革工作。

（2）编制民用航空行业中长期发展规划，对行业实施宏观管理，负责全行业综合统计和信息化工作。

（3）制定保障民用航空安全的方针政策和规章制度，监督管理民用航空行业的飞行安全和地面安全；制定航空器飞行事故和事故征候标准，按规定调查处理航空器飞行事故。

（4）制定民用航空飞行标准及管理规章制度，对民用航空器运营人实施运行合格审定和持续监督检查，负责民用航空飞行人员、飞行签派人员的资格管理；审批机场飞行程序和运行最低标准；管理民用航空卫生工作。

（5）制定民用航空器适航管理标准和规章制度，负责民用航空器型号合格审定、生产许可审定、适航审查、国籍登记、维修许可审定和维修人员资格管理并持续监督检查。

（6）制定民用航空空中交通管理标准和规章制度，编制民用航空空域规划，负责民用航空航路的建设和管理，对民用航空器实施空中交通管理，负责空中交通管制人员的资格管理；管理民用航空导航通信、航行情报和航空气象工作。

（7）制定民用机场建设和安全运行标准及规章制度，监督管理机场建设和安全运行；审批机场总体规划，对民用机场实行使用许可管理；实施对民用机场飞行区适用性、环境保护和土地使用的行业管理。

（8）制定民用航空安全保卫管理标准和规章，管理民用航空空防安全；监督检查防范和处置劫机、炸机预案，指导和处理非法干扰民用航空安全的重大事件；管理和指导机场安检、治安及消防救援工作。

（9）制定航空运输、通用航空政策和规章制度，管理航空运输和通用航空市场；对民用航空企业实行经营许可管理；组织协调重要运输任务。

（10）研究并提出民用航空行业价格政策及经济调节办法，监测民用航空待业经济效益，管理有关预算资金；审核、报批企业购买和租赁民用飞机的申请；研究并提出民用航空行业劳动工资政策，管理和指导直属单位劳动工资工作。

（11）领导民用航空地区、自治区、直辖市管理局和管理民用航空直属院校等事业单位；按规定范围管理干部；组织和指导培训教育工作。

（12）代表国家处理涉外民用航空事务，负责对外航空谈判、签约并监督实施，维护国家航空权益；参加国际民用航空组织活动及涉外民用航空事务的政府间国际组织和多边活动。

（13）负责民用航空党群工作和思想政治工作。

（14）承办国务院交办的其他事项。

根据职能，中国民用航空局下设具体的职能部门有：办公厅、航空安全办公室、政策法规司、规划发展财务司、人事科教司、国际合作司、运输司、飞行标准司、航空器适航审定司、机场司、公安局等。其中与航空安全直接相关的主要部门有航空安全办公室、飞行标准司和航空器适航审定司。下面简单介绍一下这三个部门的具体职责。

（一）航空安全办公室

航空安全办公室的主要职责是保障全行业航空安全，其具体职责如下：

（1）承办民用航空总局航空安全委员会的日常工作。

（2）负责拟订民用航空安全工作规划。

（3）综合协调管理全行业的飞行安全、空防安全和航空地面安全，组织协调行业的"系统安全"管理工作。

（4）评估检查民用航空企事业单位贯彻执行，保证航空安全的方针、政策、法规、安全生产责任制及命令、指令情况。

（5）全面掌握全行业的航空安全情况，定期分析安全形式，提出安全建议，起草安全指令和安全通报。

（6）负责拟定事故调查的法规及标准，按规定组织航空事故调查，提出预防事故的建议和措施。

（7）负责航空安全评估人员、事故调查员的聘任、考核和培训工作。

（8）办理安全奖励和安全责任制奖罚兑现事宜。

（9）负责民用航空安全信息工作，对外发布相关安全信息。

（10）组织协调国际民用航空组织安全审计及有关航空安全方面的事务，开展民用航空安全管理和信息方面的国际交流合作。

（11）联系国务院安全主管部门。

（12）承办总局领导交办的其他事项。

（二）飞行标准司

飞行标准司主要负责对民用航空器安全运行状态的审定和持续监督，制定民用航空器维修以及与航空器运营相关的各类人员的管理规章、标准和程序，并根据这些规章、标准和程序对其进行持续性的管理和监督。飞行标准司的具体职责如下：

（1）拟定民用航空运营人（包括航空运输、通用航空和在我国运行的外国航空运营人）运行合格审定规章、标准和政策，组织实施运行合格审定和持续监督检查工作，负责航空运营人运行合格证和运行规范的颁发、修改和吊销工作。

（2）拟定飞行人员训练机构和民用航空器维修机构合格审定规章、标准和政策，组织实施合格审定和持续监督检查，负责飞行人员训练机构合格证和维修单位许可证的颁发、修改和吊销工作。

（3）拟定飞行人员训练设备（包括飞行模拟机、飞行训练器等）的鉴定标准，组织、指导飞行人员训练设备的鉴定工作。

（4）拟定民用航空飞行人员、飞行签派员、维修人员执照的颁发标准和管理规章，负责执照的考核、颁发和吊销工作。

（5）拟定飞行标准监察员、局方委任代表的业务标准和管理规章，组织业务培训和考试，监督检查其工作。

（6）负责民用航空器安全运行状态的审定和持续监督，包括航空器的年检、适航证的再次颁发、适航指令的实施监督、使用困难报告与有关信息的收集、维修方案与可靠性方案的审批、特殊装机设备运行要求的制订与符合性检查等。

（7）拟定民用航空器维修政策、规章、标准和程序，负责民用航空器型号合格审定、适航审定中的飞行标准工作。

（8）负责民用航空器重复性、多发性故障的收集、分析和处理。

（9）会同空管部门拟定民用机场飞行程序和运行最低标准的技术规范和管理规章，审批机场飞行程序和运行最低标准。

（10）监管民用航空卫生、防疫、机场应急医疗救护工作，指导民用航空医学研究工作。

（11）拟定民用航空人员（含飞行人员、乘务员、空中交通管制员）体检合格证的颁发标准和管理规章，负责体检合格证的颁发和吊销工作。

（12）监管危险品航空运输。

（13）参与飞行事故、事故征候中有关飞行运行、持续适航和航空医学方面的调查。

（14）承办总局领导交办的其他事项。

（三）航空器适航审定司

航空器适航审定司的主要职责是制定民用航空器、发动机、螺旋桨及其他零部件、机载设备的适航审定规章、标准，并根据相应的规章标准对航空产品进行适航性的审定，保证民用航空产品符合相关适航标准，从而达到保证航空产品安全性的根本目的。其具体职责如下：

（1）拟定民用航空器适航审定管理政策、规章、标准和制度并监督实施。

（2）负责民用航空器（包括发动机、螺旋桨）型号及补充型号的合格审定、认可审查和相应证件管理。

（3）负责民用航空器生产许可审定和相应证件管理。

（4）负责航空材料、零部件和机载设备适航审定及相应证件管理。

（5）负责民用航空器国籍登记注册。

（6）颁发适航指令，负责装机设备的工程批准。

（7）负责型号合格审定委员会的日常工作；负责民用航空器单机飞行手册、最低设备清单和维修审查委员会报告的批准，参与审查批准最低设备清单。

（8）负责民用航空器加装、改装及重大维修方案、超手册修理方案的工程批准工作；负责民用航空器重复性、多发性故障的工程评估。

（9）参与民用航空器的事故调查。

（10）负责制定民用航空器噪声、发动机排出物的政策和合格审定，管理相应证件。

（11）负责民用航空油料及化学产品的适航审定。

（12）管理民用航空标准化、计量和质量工作。

（13）承办总局领导交办的其他事项。

二、民用航空地区管理局

民用航空地区管理局在中国民用航空局的领导下，主要负责对所辖区域的民用航空事务实施行业管理和监督。2002年，经过民用航空体制改革后，我国建立了7个民用航空地区管理局：中国民用航空华北地区管理局、中国民用航空华东地区管理局、中国民用航空中南地区管理局、中国民用航空西南地区管理局、中国民用航空西北地区管理局、中国民用航空东北地区管理局、中国民用航空新疆地区管理局。

民用航空地区管理局的主要职责是：

（1）对辖区内的民用航空活动进行安全监督和检查。

（2）发布安全通报和指令。

（3）组织辖区内民用航空企事业单位的安全评估工作。

（4）组织调查处理辖区内的一般民用航空飞行事故、重大通用航空飞行事故、航空地面事故和民用航空总局授权组织调查的其他事故。

（5）参与辖区内重、特大运输航空飞行事故的调查处理工作。

民用航空地区管理局根据安全管理和民用航空不同业务量的需要，在所辖区内设立中国民用航空安全监督办公室。目前，我国由民用航空局、地区管理局、安全监督管理局构成的三级安全监管体制已经形成。

三、航空公司

在民用航空总局和民用航空地区管理局的领导之下，航空公司的安全管理活动主要集中在组织实施、检查和执行操作等微观管理层面，如负责公司航空安全检查与日常监督工作；航空安全内部审计工作；公司内部航空不安全事件的调查与处理工作；公司飞行品质监控管理工作；公司航空安全奖惩工作；参与公司的航空安全教育、安康杯和劳动竞赛等活动；协调并参与政府部门、集团以及公司所属各单位间的航空安全相关工作等。

为了保障和实现航空公司的安全运营，航空公司都会根据企业自身的实际情况建立一套适合企业管理和发展的航空安全管理组织体系。各航空公司具体情况不同，所建立的航空安全管理组织体系也会有所差别，但安全管理组织体系的构成都大同小异。因此，下面将以某航空公司为例，具体介绍航空企业的安全管理组织体系的构成及其职责。

航空公司建立安全委员会对整个公司的安全运营从总体上、全局上进行把握和管理，具体的航空安全管理方针、政策的执行和日常管理监督工作则由航空安全运行监察部来具体实施。

（一）航空安全委员会职责

航空安全委员会（简称安委会）是对公司安全工作实施综合管理和监督检查的最高管理机构，其主要职责是：

（1）贯彻执行民用航空法律、法规、方针、政策，在集团的领导下，坚持"安全第一，预防为主，综合治理"的工作方针。

（2）开展安全生产宣传教育活动，提高公司全体员工的安全意识。

（3）组织安全监察，定期召开安全形势分析会，识别公司安全管理系统的风险，制订安全措施和实施方案，监督落实整改。

（4）研究制订公司的航空安全战略规划。

（5）依据行业标准和公司相关标准，审定不安全事件的性质和责任单位、责任人，审核、批准不安全事件调查报告。

（6）研究处理安全工作中的重大问题及奖惩问题。

（二）航空安全运行监察部职责

（1）负责公司航空安全检查与日常监督工作。

（2）负责公司航空安全内部审计工作。

（3）负责公司航空安全信息的管理工作。

（4）负责公司内部航空不安全事件的调查与处理工作。

（5）负责公司飞行品质监控管理工作。

（6）负责公司航空安全系统的研究与规划，开展公司航空安全风险管理和人的因素的研究工作。

（7）负责公司航空安全委员会的日常工作。

（8）负责公司航空安全奖惩工作。

（9）参与公司的航空安全教育、安康杯和劳动竞赛等活动。

（10）协调并参与政府部门、集团以及公司所属各单位间的航空安全相关工作。

第四节　无人机安全管理的控制技术

一、无人机的组成和应用

无人驾驶飞机简称"无人机"（Unmanned Aerial Vehicle，UAV），是利用无线电遥控设备操纵的不载人飞机，从技术角度可以将无人机分为无人固定翼机、无人直升机、多旋翼无人机、无人伞翼机等。

（一）无人机系统组成

典型的无人机系统主要由无人机、地面站以及传输信息的通信链路组成。

1.无人机部分

（1）动力系统。动力系统负责为无人机的飞行和稳定提供动力，无人机的动力来源一般有电动机和内燃机两种。除了动力来源之外，无人机的动力系统还包含螺旋桨等设备。

（2）主控制器。主控制器负责维持无人机的稳定和导航，并将接收到的控制命令转换成动力系统指令。

（3）通信链路模块。无人机的通信模块主要包括遥控信号模块、无线数传模块和Wi-Fi通信模块。

（4）传感器。传感器主要包括惯性测量单元（Inertial Measurement Unit，IMU）、磁力计（Magnetometer）、陀螺仪（Gyroscopic）、GPS（Global Positioning System，全球定位系统）模块、压力传感器、视觉传感器等。

（5）任务执行单元。任务执行单元是无人机用来执行相应任务的部件，根据不同的任务选择相应的部件，比如，航拍一般采用云台相机，而农业检测则可能需要加载多光谱探测仪或热传感器等。

2.地面站部分

地面站是无人机操纵者操纵无人机的重要部分。操纵者的控制命令都是通过地面站传输到无人机，从而使无人机根据命令做出相应的动作。无人机采集的数据以及无人机自身的运行数据都将传输到地面站,并由地面站的显示器或者智能终端等设备进行显示。地面控制部分具有无线电控制、数据处理及系统检测等功能。

地面站主要包括以下三个部分:

(1)遥控器。由于遥控器具有操控方便、实时性和安全性较高等特点,当前民用无人机主要通过遥控器进行控制。

(2)智能终端。智能终端可以更加直观地显示无人机自身以及所采集的数据,部分无人机则可以直接使用智能终端操控。

(3)通信链路模块。地面站的通信模块一般与无人机的通信模块相对应。

3.通信链路部分

无人机的通信部分包括几个无人机组件和通信链路,每个通信链路传输不同类型的信息数据。一般来说,根据传输的信息类型的不同,无人机网络包括三种通信链路,分别为无人机与地面站之间的通信链路、卫星通信链路和无人机到无人机通信链路。无人机与地面站之间的通信链路传输遥测信息、视频和音频等数据;卫星通信链路传输GPS信号、气象信息等;无人机与无人机的通信链路是无人机网络的重要组成部分,用于无人机间的数据交换。

(二)无人机的应用

无人机作为飞行平台,搭载不同的工作设备,可以执行不同的任务。无人机按照用途可以分为军用无人机和民用无人机:军用无人机一般作为侦察机、靶机和攻击机,执行难度较低且危险性较高的任务;民用无人机已经广泛应用于工农业生产和人们的日常生活。

民用无人机按照用途可以分为工业级无人机和消费级无人机。工业级无人机在工农业生产等方面发挥着巨大的作用:在农业方面可以用来喷洒农药、农业监测等;在航拍方面,可以用来进行电影拍摄、新闻拍摄以及广告活动等;在安防领域,无人机则可以进行灾情检查、调度指挥、反恐维稳和协助巡逻等;在电力方面,无人机可以进行电力巡检和线路规划等。同时无人机在其他领域也发挥着很多的作用,比如城市规划、资源勘探、地图测绘、物流快递等。

二、无人机安全控制系统技术

"伴随无人机的广泛使用,无人机频频出现撞损、失控、撞机、坠毁等安全性事件，特别是在未来的复杂对抗环境下，无人机与无人机、无人机与有人机共空域协同飞行所面临的安全问题已成为影响无人机作战使用的突出问题"。[1]下面主要探讨三种无人机安全控制系统技术。

（一）无人机干扰估计与故障诊断技术

无人机在复杂高对抗环境中执行任务时受干扰/故障的影响，要针对性地抑制或抵消其不利影响，实现无人机控制系统抗扰和自愈功能，必须先对干扰/故障进行估计。

目前无人机的干扰估计研究主要集中在针对外界风干扰的估计策略。在四旋翼无人机动力学建模中考虑外界风干扰的影响，并利用加速度计数据和扩展Kalman滤波算法估计风速，提出了一种新型干扰观测器，用于同时估计小型旋翼无人机的外界未知扰动和系统状态。利用干扰观测器技术估计四旋翼无人机的外界干扰和量测时滞。美国Texas Tech University的Parameswaran教授团队在设计四旋翼无人机自主着舰系统中，将未知建模动态、地效、状态耦合，以及外界干扰等因素看成"集总干扰"，并利用滤波算法进行估计。西班牙Polytechnic University of Catalonia的Puig教授团队设计了二次型有界观测器，保证了无人机干扰估计速度和估计精度。

针对多架四旋翼无人机执行器故障问题设计了诊断系统，该系统由一组连续时间残差生成器和离散事件故障诊断机制组成。丹麦Technical University of Denmark研究团队针对空速管故障和无人机舵面故障，提出了基于随机过程的故障诊断框架，并通过飞行实验验证了所提方法的有效性。中国钟麦英教授团队研究了基于扩展Kalman滤波和概率评价函数的无人机故障检测机制，该方法具备良好的工程实用性。该团队还利用无人机中的多源异构传感器信息融合技术，制定了一种新型的无人机空速管故障检测方案。针对固定翼无人机设计了基于线性变参数的未知输入观测器，用于检测无人机执行机构故障。针对无人机组合导航系统，利用Kalman滤波技术计算不同传感器故障阈值，然后基于模糊系统和神经网络方法提出了一种无模型的故障诊断策略。

目前的无人机控制系统缺乏对多源干扰和复杂故障的快速精细估计能力，急

---

[1] 魏瑞轩，周欢，茹常剑，等.基于认知制导的无人机安全控制方法研究[J].电光与控制，2013，20（10）：18.

需突破针对干扰/故障的精细表征与建模、快速估计与预测等关键技术。利用以往扰动信息基于曲线拟合技术提出了干扰预测器,并根据干扰不同动态特性进行在线调参。将多项式拟合和线性回归技术用于干扰预测,并设计了预测补偿控制环节。

(二)无人机抗干扰控制方法与技术

现有无人机抗干扰控制方法可分为三类:①鲁棒控制方法;②自抗扰控制方法;③基于干扰观测器的控制方法。

美国University of Florida团队提出输出反馈动态逆控制策略,保证无人机在建模误差和外部有界加性干扰条件下的全局渐进跟踪性能。其中,跟踪控制可抑制外部有界干扰的影响,自适应控制用于抑制模型不确定性的影响。

北京航空航天大学和英国Loughborough University研究团队针对小型无人直升机,基于干扰观测器和反步法设计了复合分层抗干扰控制系统,并得到了美国、法国等多位学者的关注和跟进。

英国Brunel University和西北工业大学研究团队将复合抗干扰控制应用于无人机系统,研究工作将外部干扰和内部干扰当成"集总干扰"并用非线性扩张状态观测器进行估计,设计了位置和姿态控制器。

加拿大University of Ottawa和美国University of Washington联合研究团队针对旋翼无人机设计了一种鲁棒自适应控制器保证其渐进稳定性和姿态跟踪性能,其中自适应律用于补偿建模误差和外部干扰不确定性。

北京理工大学研究团队将旋翼无人机的外界风干扰和模型参数不确定性当成"集总干扰",设计了基于扩张状态观测器的预测控制系统估计和补偿干扰,实现了旋翼无人机的稳定飞行。

虽然无人机抗干扰控制技术近年来取得了长足的发展,但是提高无人机在卫星拒止、欺骗、对抗、强电磁干扰等环境下的适应性、鲁棒性和可靠性,仍然是一项亟待开展深入研究的工作。

(三)无人机任务重构与优化技术

无人机在复杂高对抗环境中执行任务时受干扰/故障的影响,造成其能力下降,难以满足既定任务需求。为保障无人机执行降级后的任务或安全返回基地,必须依据干扰/故障的估计信息、系统能力量化评估指标、机载传感器的实时环境态势感知信息等，研究可动态调整兼具实时性的威胁规避航迹重规划技术。在无人机航迹重规划技术中，无人机气动约束、航迹重构实时性，以及任务环境（如动态威胁）是必须考虑的三项因素。

美国Massachusetts Institute of Technology团队将无人机安全航迹规划问题纳入Markov决策过程框架，规划出规避多架空中威胁的航迹。进一步，他们考虑到无人机动态特性和环境不确定性等条件，基于随机树搜索提出了无人机的航迹自主规划技术。

航迹规划系统可分为三个部分：全局航迹规划、局部航迹规划和实时反应航迹规划。其中，全局航迹规划根据先验信息为无人机生成一条初始航迹；局部航迹规划依据视觉传感器检测的威胁对航迹进行局部调整；而实时反应航迹规划根据突然出现的空中威胁进行航迹重构，保证无人机安全。

第二章　航空安全的影响因素研究

航空产业是一个复杂的系统工程，安全是航空业永恒的主题。航空安全涉及人、机械、环境、系统等诸多方面，需要人们掌握安全科学技术、航空专业学科和管理学等多方面知识。航空业的特点决定了安全管理的难度和复杂性。本章重点掌握设备因素、人为因素、环境因素、管理因素对航空安全的影响。

第一节　设备因素对航空安全的影响

飞机及相关设备是航空运输生产的工具，它们与机组成员构成航空安全生产的主体。尽管到了20世纪50年代以后，由于技术完善性和装备可靠性大大提高，才使决定航空安全生产的主要因素逐步转到了人的因素，但飞机设备仍然是航空安全生产的前提，也是保证安全的物质基础。

民航系统工作人员认为，近年来造成我国民航事故的因素主要是飞机出现故障；其次是飞机服役的时间太长；再次是飞机性能不良；最后依次为飞机设计缺陷，飞机制造有质量问题等。飞机服役时间太长，结构腐蚀及疲劳损坏的可能性就大，飞机性能不良，实际上与设计缺陷和制造质量有关。

飞机及其机载设备在使用过程中，难免会发生故障或系统失效。根据飞机原理、调查结果和实践经验，可将飞机致灾因素大致分为飞机故障（包括发动机失效）、机身结构腐蚀及疲劳损坏等。

一、飞机故障因素

（一）飞机发动机停车

发动机是飞机在空中飞行的动力装置，被称为飞机的"心脏"。发动机失效造成的空中停机会直接威胁到飞行安全。随着航空技术的发展，发动机设计与制造工艺日趋完善，使发动机的初始可靠性不断提高。而维护水平的提高及日常监控手段的完善，也使其可靠性更加有保证。对现代民航而言，发动机空中停机对飞行安全的威胁也越来越小。多年来，喷气航空发动机的可靠性已有所增长，发动机空中停机率降低，安全性是相当高的。

不过，发动机在空中发生故障还是产生飞机空中失效的重要原因之一。除了定期维护外，目前对发动机进行监控的方法主要有滑油光谱分析、滑油耗量监控、滑油中金属屑监控、热部件的定期孔探和发动机性能趋势监控等。这些监控手段已基本可以保证在发动机出现性能衰退趋势或故障时，及时发现并排除故障，避免发生发动机失效事故。尽管如此，还是有发动机失效的情况发生。

发动机失效会造成飞机动力的迅速缺失，需要飞行员在短时间内采取正确的方法和步骤进行相应的应急操作。如果机组处理得不够冷静、及时和准确，就容易引发空难。所以即使发动机失效已很少发生，它仍然是我们致力于研究和关注的飞机故障之一。

（二）其他飞机系统故障

除了发动机失效，其他飞机系统故障有许多种，主要包括起落架系统故障、液压系统故障、飞机控制系统故障及通信导航系统故障等。尽管这些故障本身并不足以导致航空灾难，但它们对机组的应对、处理和控制能力是严峻的考验，一旦环境不良，而且机组处置不当，就可能导致飞机失控。

（1）起落架系统故障。1998年9月10日，中国东方航空公司一架MD-11飞机执行上海—北京航班，由于飞机前起落架突发机械故障，飞机迫降。机上17名机组人员和120名乘客，除9名在紧急撤离时受伤外全部脱险。经调查，事故原因为：飞机起飞后升至900米时，飞机前起落架锁销突然断裂脱落，致使起落架传动系统失灵，机组多次采取排除故障措施无效，飞机在空中盘旋3小时后，在没有前起落架的情况下，于虹桥机场迫降成功。

（2）液压系统故障。1999年11月22日，中国武汉航空公司一架波音737-300飞机在执行航班的巡航阶段突然发生A系统液压油泄漏故障，机组判断失误，关闭左发动机，并申请备降南昌。事后的调查发现，在前一天，这架飞机因左侧前缘襟翼驱动马达漏油而换上一台新的液压马达，正是这台新换上的马达存在翻修质量问题，造成在巡航状态时，四个固定螺栓断裂而突然大量泄漏液压油，导致飞机液压A系统失效。

（3）飞行控制系统故障。1999年2月24日，中国西南航空公司一架图-154飞机执行温州航班。在进近阶段，飞机坠毁，机上共计61人全部遇难。对这起事故的初步调查结果表明，飞机的升降舵操作系统中，连接螺栓的螺母脱落，造成飞机俯仰通道的操作失效。

（4）其他系统故障。1998年9月2日，瑞士航空公司MD-11飞机机载电子系统线路过热起火造成飞机坠海，机上14名机组人员和215名乘客全部遇难。

可靠性技术保证飞机及其相关设备基本稳定的安全系数。机务部门须通过可靠性技术，收集、分析能体现飞机及其相关设备可靠性状态的数据并与预定的警告标准对比分析，提出警告报告和纠正措施并落实到维修方案，使其预警功能有所加强，从而有效监控和保证飞机及其相关设备的安全状态。

二、飞机机身结构腐蚀及疲劳损坏因素

（一）飞机结构腐蚀

目前飞机的服役期一般都在20年以上。事实证明，飞机结构腐蚀问题非常严重，因腐蚀问题造成的飞行事故屡屡发生，直接影响到飞行安全。

飞机结构主要由金属材料构成，金属腐蚀是由于金属和环境之间发生反应使得金属性能变坏而产生的。腐蚀的产生有三个条件：一是阳极和阴极之间存在不同的电荷；二是电解液的存在；三是阴极和阳极金属连接。无效的保护层，阳极材料的损失，杂质、污垢和湿气堵塞排水道或阀门失效，表面和不同金属之间在潮湿的环境下污垢和碎片的积累，都会引起腐蚀。腐蚀的类型有以下七种：

（1）应力腐蚀。应力腐蚀开裂是应力和电化学侵蚀分别共同作用于一种金属引起的破坏。这种腐蚀的破坏作用超过应力和腐蚀分别作用于金属所引起的破坏。在腐蚀介质中，有时候即使在腐蚀性极弱的介质中，在远低于材料屈服极限的应力下，金属会发生脆性断裂。因为金属在发生应力腐蚀开裂前，大部分表面实际上未遭腐蚀，只有一些细小裂纹穿透内部（有晶界或穿晶型应力腐蚀裂纹），造成开裂，从外部难以发觉，通常不形成可见的腐蚀产物。因此，金属的应力腐蚀开裂常常是在从全面腐蚀角度看来是腐蚀的情况下发生的、没有塑性变形预兆的突然断裂，是一种极为隐蔽的局部腐蚀，容易造成恶性事故，这种腐蚀最危险。这种应力主要来自加工残余应力和焊接残余应力。

应力腐蚀是一种最普遍且危害最大的腐蚀。在飞机的腐蚀来说，由应力腐蚀造成的破坏已占腐蚀破坏的40%~60%，因应力腐蚀而造成的航空灾难时有发生。

（2）层状剥离腐蚀。层状剥离腐蚀类似应力腐蚀开裂，来自加工残余应力

引起的更多的晶界或穿晶型应力腐蚀裂纹,从而引起的叶片状或分层状剥离腐蚀。在铝板上沿晶界拉伸方向扩展的层状剥离腐蚀,有关专家用光学显微镜和电镜在KC-135老龄飞机基体表面检测,同时,探测反向衍射扫描和微衍射分析两种相关的晶界沉淀物及基体沉淀物对腐蚀和腐蚀成核的关系。这些观察认为阳极区成核腐蚀在层离腐蚀成核和扩展中没有起到重要作用,认为对特别的定向性层状剥蚀或许有一个起源,即晶界的特点确定了晶界的拉伸。

(3)纤维状腐蚀。纤维状腐蚀是在覆盖涂层的金属表面形成的细丝网状腐蚀,产生于涂层下,通常在紧固件周围。这种腐蚀导致难看的外观,如不及时修理,最终在紧固件周围产生晶界腐蚀。现在由于对柔韧性材料的开发,纤维状腐蚀现象逐渐减少。

(4)电蚀腐蚀。电蚀腐蚀是由于不同的金属或在腐蚀介质的存在下产生的,是最具反应活性的一种腐蚀。一旦保护涂层损坏,电蚀腐蚀就很容易发生。在飞机设计中,应尽量避免不同种金属的使用,即使使用不同的金属,必须用保护涂层或其他绝缘方法将不同的金属隔开。为了阻止腐蚀损坏,保护层的维护是必要的。

(5)同种金属腐蚀。同种金属腐蚀主要是在裂缝或污浊的地方发生的腐蚀。只要保护层损坏以及水分存在,腐蚀就会发生。不同于紧固件的疲劳开裂,裂缝导致的腐蚀在任何位置都可发生。

(6)点蚀。点蚀是局部腐蚀,开始于表面并向金属内部扩展,当表面涂层损坏或外部有沉淀物时易发生。为了阻止进一步的损坏,必须完全除去被点蚀的部分。

(7)微生物腐蚀。在飞机燃料箱里的副产品如有机酸、乙醇、酯类等引起细菌生长,细菌穿透燃料箱涂层后腐蚀铝合金。这种细菌主要是在有水存在和高温下在燃料箱底部生长和繁殖。细菌生长导致点蚀穿透机翼的厚度。如果下部的机翼微生物腐蚀严重,必须替换。

(二)飞机疲劳损坏

金属材料在持久交变应力的作用下,会发生疲劳损坏,即变化的载荷引起材料产生细小的裂纹,进一步导致材料损坏。而飞机结构主要是由铝合金等金属材料组成,如果飞机结构因疲劳而损坏,则不能承受其应有的设计强度而造成飞机解体、损坏等,后果十分严重。在每次飞行循环中,飞机都会不断受到交变应力的作用。不同的飞机构件所受的交变载荷不同。

如飞机蒙皮会受到地面—空中—地面的座舱增压的负载变化；而起落架结构是飞机在地面的时候的承受载荷；机翼等飞行操纵结构会随不同的飞行操纵动作而承受不同的交变应力。而加压舱起降一次，就会引起材料受力的一次变化，反复多次的受力变化，就可能造成疲劳损坏。

目前飞机的服役期一般都在20年以上，实施对老龄飞机的疲劳防范和维护计划则是让飞机的结构强度保持在其设计强度。然而，疲劳损坏所致的事故还是不断发生。

用于飞机维修及防腐维护费用极高。据国际航空运输机协会报告统计，由于腐蚀导致飞机的定期维修、零部件更换的费用为每飞行小时5~12美元。但由于飞机结构腐蚀造成的危害十分严重，并且机组人员进行应急处理操作的难度非常大，如何科学又经济地执行老龄飞机计划及腐蚀预防与控制大纲，已成为全球航空界关注的共同课题。

第二节 人为因素对航空安全的影响

"自从民用航空诞生以来，安全对航空运输的影响是每一个航空公司、每一位航空从业人员的永恒命题。由于科学技术的迅速发展，飞机硬件已经非常可靠，如今越来越多的航空事故统计显示人为因素是造成航空事故的最主要的原因。"[1]国际民用航空组织对航空中人的因素进行了定义，航空中人的因素是关于人的科学。其研究的范围涉及航空系统中人的一切表现，它常利用系统工程学的框架，通过系统地运用人的科学知识，以寻求人的最佳表现。它的两个相互关联的目的是飞行安全和效益。

作为一门学科，航空中人的因素的任务是以航空心理学、环境生理学、人体测量学和生物力学等学科为基础，研究如何实现人—机—环境系统最优化，使飞行员能够安全、高效、舒适地工作。

在航空领域可以将人的差错定义为：在航空活动中，由于受到各种内外因素的影响，有关人员无意出现的偏离工作目的和要求的行为。

---

1 凌晓熙.人为因素对航空安全影响的研究[J].中国科技信息，2007（09）：87.

不同的工种差错的表现会有不同，比如对飞行机组来说，导致偏离预期行为的飞行机组的任何作为或不作为都被视为差错。机组差错的例子可能包括未执行规章和标准操作程序，或意外地偏离了公司或空中交通管制的期望。差错可以是较小的（高度设置差错，但很快纠正过来），也可以是重大的（没有完成一个重要的检查单项目）。

传统的航空安全理论认为航空中人为差错是大部分事故发生的原因。他们认为操作失误是操作者们主动参与的，好像操作者在失误与不失误间可以明确地选择，并最终主动选择了去失误一样。另外，操作失误说明操作者未按照标准工作、性格上有问题、不够专业、缺乏自律以及一些其他的缺点，这些缺点都是多年来对人的表现的片面理解。尽管使用这些缺点可以很方便地解释事故并责罚当事人，但这是对操作失误的片面理解和解释。

现代的安全管理理论则认为，人为差错是人—机—环境系统内的一个参数，差错的原因归结于人—机—环境互动中的不相配。因此，即使是能力最强的工作人员，也会犯差错。在任何生产系统中，人的差错是人—机—环境互动所自然产生的副产品。在这种系统中，差错是正常组成部分，航空安全管理的关键是控制人的差错而不是杜绝人的差错。

一、人的因素的分类

（一）不安全行为

不安全行为会直接导致事故的发生，可分为差错和违章。差错是由于种种原因没有完成想要做的事，它不是操作人员故意造成的。违章却是故意地违反程序、规章的行为。

（二）不安全行为的前提

不安全行为的前提是指导致不安全行为的主客观条件，包括操作者状态、人员因素和环境因素三类：

（1）操作者的状态导致了不安全行为的产生，无论是精神状态、生理状态、身体或智力局限都会影响相关人员的工作绩效。

（2）机组常常为很多个不安全行为的产生创造前提条件，我们称之为人员因素，可分为机组资源管理和个人的准备状态两类。

（3）除了人员因素，环境因素也会导致操作者的状态降低和不安全行为出现，我们可以把环境因素归为物力环境和技术环境两大类。人们早已认识到物力环境对飞行员的影响，如气象、地形、高温、高压等，然而，飞行员所处的技术环境对其绩效也起着重要作用，包括设备设计、检查单编排、任务因素和自动化等。

（三）不安全监督

除去与运行人员有关的因素外，管理层也对事故的发生负有责任，于是把管理层的不安全监督分为四类：监督不充分、运行计划不适当、已知问题未解决、监督违章。监督人员扮演的是为其全体员工提供成功机会的角色，为此，他们必须提供指导、培训、领导、监督、激励并不惜一切代价来确保工作安全。任何成功的组织都有健全的专业指导和监督，如果监督不充分，例如没有提供适当的培训，或是机组搭配不当，没有及时纠正不安全行为或是监督者故意忽视现有的规章制度，允许没有资格、没有驾驶证的飞行员来驾驶飞机等，这些都可能滋生安全隐患。

（四）组织影响

由于缺少用来调查的清晰框架，组织影响经常被人们所忽视，但它往往是导致事故的根源。一般来讲，组织影响与资源管理、运行过程和组织文化有关。资源管理围绕安全和生产两个目标来进行，在航空业繁荣之时，这两个目标都能很容易地满足，得到平衡。然而，在航空业不繁荣时，需要对两者进行一些取舍，这时，人们首先放弃的往往是安全。过度削减安全方面的开支可能会导致购买新设备的资金不足、维护不及时等，从而滋生安全隐患。组织影响包括影响工人绩效的多种变量，主要有公司的工作氛围、政策、文化等，而运行过程则涉及公司的规章、决策、标准操作程序和常规方法。

用HFACS模型对飞行员、管制员的人误事件调查与分析效果比较好。但是，并不是所有的组织都具有这些程序，并且这些组织也未采用保密报告系统和安全审计积极参与人的因素问题的监控。同样，在事故发生前，监督人员和管理人员通常没有意识到这些问题。事实上，事故是一个或多个不安全事件的集合，积极寻找安全隐患并在它们成为灾难机会窗口之前将它们堵上将是每个组织的责任。

二、人的差错的类型

（一）设计诱发差错和操作者诱发的差错

民航界对一线工作人员的差错十分关注，这些人包括飞行员、管制员和机务维修人员。但是，有一些差错在飞机离开地面之前，就已经发生在飞机设计者身上了，设计中的缺陷会危及飞行的安全。

在事故和事故征候的调查中，我们经常看到一个事故或事故征候往往由多个差错引发而且和多人有关。也就是说，往往是一系列差错出现，而且差错的防线崩溃了，就会引发事故或事故征候。

（二）随机差错和系统差错

随机差错的特性是没有规律；系统差错的特点是差错具有系统性和稳定性。这就意味着，系统差错是可以预测和控制的，而随机差错无法预测也很难处理。如果我们能够充分地了解任务的特性、机械运作规律、工作的环境、个人的特性等，我们就能最大可能地控制人的差错。

要想掌握充分的信息做出精确预测几乎是不可能的，与没有任何规律的任务相比，我们对有组织的任务中的差错预测能力更强，如果信息足够，我们是可以做出比较好的预测的。

（三）可逆性差错与不可逆性差错

对差错进行分类的方法是看这些差错是可逆的还是不可逆的。可逆性差错指的是出现的差错是可以改正的，而不可逆性差错是无法改正的。比如，一个飞行员将油量计算错了，他可以备降到一个近的机场；但是如果他很意外地倒空了燃油，可以供他选择的方案就会减少了。

一个设计良好的系统应该确保操作者（飞行员、管制员、机务维修人员）出现的差错是可逆的。比如，如果一个工程师在安装某个零件的时候出现了差错，在将飞机交付给客户之前，他的差错能够被相应监督程序检查出来。

（四）过失、遗漏和失误

过失是指没有正确做出自己预想的行为，他对问题的理解是正确的，同时也形成了正确的意图，但不幸的是触发了错误的行为。比如，在拷贝数字的时候却做了一些转换，或者混淆了程序的步骤。

遗漏是指没有完成某个行为或者省略了部分行为，也就是说，某个人因为忘记或没有注意到而没有做某件事情，比如，忘记盖上油箱盖。

失误是一种典型的由于有缺陷的计划/意图而引发的差错，也就是说，某个人在做某件事情时，他自己认为是对的，但是实际上是错的。例如，在清洗飞机风挡玻璃的时候选错了刷子。

过失发生在任务的实施阶段，遗漏发生在记忆阶段，而失误发生在计划阶段。

有时人的差错会表现为违章，但是违章与过失、遗漏和失误是不同的，因为违章有故意违反"法规"的特性，也就是说，某个人明知道不符合规则，还是做了某个行为（比如，故意不遵循程序）。

（五）基于技术、规则和知识的行为和相应差错

通常，人的行为可以分为三种类型：技能型、规则型和知识型。技能型行为是一些依赖于已经学会并且多次练习不需思考就能够完成的，存储在记忆中的常规或自动化的程序的行为。规则型行为是一些已经学会的规则和常规性的行为，是一系列的不连贯的技巧。知识型行为是一些还没有形成程序的行为，需要我们对信息进行评估，运用知识和经验建立一个计划来处理所处的情境。

每一类行为对应相关的差错。技能型行为差错的例子是行为过失（Action Slip）、环境捕获（Environmental Capture）和逆转（Reversion）。

行为过失，是指出现了与意图不一致的行为。比如，某机务维护工程师在工作中，原本知道自己应该用某个工具，但是由于被同事干扰，拿起了另外一种工具，而且没有发现自己的差错，于是错误地拧紧了那个螺丝。

环境捕获，可能发生于我们在某个固定地方经常做的某件事情上。比如，一个机务维护工程师过去经常对A300飞机做维护，他可能会不加思考地对另外一架没有相应要求的A300飞机做同样的工作。

逆转，经常发生在某个已经建立起来的行为模式中，当它已经不适用的时候在根本上还较难以放弃或忘记。比如，一个机务维护工程师会意外地执行几年前使用的程序，尽管这个程序在最近已经被修订了，这种状况容易发生在有压力的情境中，或我们的注意力不集中的时候。

相对来讲，基于规则的行为是不容易出现差错的，因此对飞行相关人员来讲特别强调使用程序，常见的与此相关的差错是用错了规则和程序。比如，一个工程师可能在诊断故障时出现差错，于是就使用了错误的程序。这类的差错还包括在某个时候没有能够记起程序，比如在使用某个程序的时候没有记住它正确的顺序。

基于知识的行为的差错主要跟不完全或不正确的知识和对当前情境的错误理

解有关。比如，一个工程师在努力完成一个自以为"能够完成"但是自己又不熟悉的维修任务时，往往更容易关注支持自己行为的事情而忽略不支持自己行为的事情。

三、人的差错的原因

引发人的差错的原因是多种多样的，归纳起来主要有个体因素、群体因素、环境因素和组织管理因素四个方面。

（一）个体因素

人在信息处理过程中的任何一个环节失误都会使情况恶化，但是，个体的不同及个体所处的状态不同，对事故发生造成的影响也是不同的。

1.个性特性

个性特性包括人的气质、能力、人格。具有不同性格特征的人在信息处理过程中的反应方式是不一样的，具体来说，感觉视角、知觉模式、注意弱点、记忆速度、思维方式等都不尽相同，因此我们把在这些过程中人们反映出来的个人不同的特征称之为个性特性，它涉及个人的气质、人与人在能力上的差异。

例如，多血质的人反应灵敏、热情活泼、善于交际，但是情绪不稳定、注意力容易转移，这种类型的飞行员在有变化的飞行条件表现良好，但在工作单调乏味时表现欠佳，甚至会出现打瞌睡的现象；而黏液质的人安静沉着、情绪平和，但行动迟缓、不善交际，这种类型的飞行员担任长途飞行任务时耐力强，但是遇到特殊情况反应慢、应变能力差。再比如，同样受过严格训练的机长，在面对危险情况时的表现却完全不同，有的能作出正确的判断和决策转危为安，有的却在事故中丧生。这些都是因为个体不同，能力、气质各异，从而对信息的处理不同，得到的结果当然也不尽相同。

2.个体状态

当处于危险情况时，个体所处的状态不同，其对外界刺激的反应也不同，主要包括人的生理状态、心理状态和教育训练水平。这些因素直接影响着人的可靠性，在人的信息处理过程中起着重要的作用。

（1）生理状态。疲劳、伤病、乙醇或药物滥用等会降低大脑的意识水平，造成注意力不集中，对事物的判断力减弱，进而引起人的差错的发生。航空界对乙醇的限制极为严格，大多数航空公司都规定饮酒后12小时内不能飞行。飞行前服用安眠药或其他松弛类药物，会降低飞行员的运动反应能力、动作协调能力和决策能力等，使飞行员不能顺利加工信息，极易导致事故。因此，未经航医许可，飞行员不得以任何理由在飞行前服用这类药物。另外，温度、湿度、噪声等环境因素及人自身的生物节律等影响着人的生理状态。

（2）心理状态。恐慌、焦虑等情绪会扰乱人正常的信息处理过程，人际纠纷、忧伤等会分散人的注意力，甚至使其忘了必要操作。例如，在极度紧张的情况下，飞行员会出现思维不清晰和注意力不集中的情况，以及省略或遗漏检查单和其他飞行员程序的现象。此外，生产作业环境、工作负荷及人际关系也影响着人的心理状态。

（3）教育培训水平。教育培训水平包括知识、经验、熟练程度等。受教育培训程度低，大脑中缺乏分析处理各种信号的科学依据，也就不能做出有关工作的正确行为，从而导致差错。例如，在航空维修中，40%的差错与维修人员的技术素质有关。由于缺乏及时的培训，致使维修人员对新机型、新技术不熟悉，对设备不够清楚，对手册、技术文件的理解有偏差，不能及时发现飞机上已经存在的安全隐患，对系统发生的复杂变化缺乏正确判断和迅速处理的能力，从而诱发了差错。

（二）群体因素

航空飞行需要飞行人员、管制员、维修人员、地勤人员、签派员等的协同工作。飞行过程中，机组成员之间、机组与其他人员之间不断互动，群体成员之间交互作用的性质和质量直接影响飞行员的绩效，这就要求各成员之间必须具有高度的协调性。按照社会心理模型，当群体动力和交流崩溃时，人的差错和事故就可能会发生。

大部分飞行事故源于机组成员的协作和交流问题。于是，人们开始认真思索社会心理因素对信息加工过程的可能影响，研究群体成员的协作交流及心理相容性问题。这使群体心理的作用十分突出。群体心理的影响主要表现在群体意志影响成员的行为。个体在群体中往往不知不觉地受到无形的影响，表现出与群体内多数人的感知、判断和行为相一致的现象，即社会从众行为。在一个遵纪守法的机组中，个别倾向冒险的人会在群体的压力下注重飞行安全；如果在一个漠视安全的群体里，少数平时循规蹈矩的人也会顺从群体的违章行为。成员在彼此相互作用下，会发生一种认同效应或同化现象，个体差异就会明显缩小。

群体规范作用的强弱取决于群体意识的强弱。在安全意识较强的群体里，成员大多能保持安全的操作行为；相反，在安全意识相对薄弱的群体里，成员们为了抢时省力或自我表现，往往倾向于不安全行为而导致失误。群体可以满足个体心理需求、增加勇气和信心，有助于消除单调和疲劳，激发工作动力，提高工作效率，产生社会助长作用；反之，则产生社会抑制作用。

（三）环境因素

环境因素对人的可靠性影响很大，人的生理状态、心理状态与环境因素密切相关。飞行运行的很多环境因素都会使人进入疲劳、厌倦以及紧张状态，或分散人的注意力，提高人的差错率。如过热过冷、气压太高太低或变化太快、噪声过大、湿度过大或过小，频繁的颠簸、光线太弱或太强、空气含氧量低、恶劣的天气、飞机故障、外界各种干扰等，都可能引发人的差错。

1.工作环境

工作环境对航空从业人员的安全操作影响很大，如工作场所的照明、通风、振动、噪声、温度、湿度以及所处的气象条件等。例如对维修人员，特别是航线维护人员来说，他们所处工作环境是比较恶劣的，露天的环境受地理位置、气候的制约。据有关统计数据表明，冬季和夏季发生维修差错明显多于春秋两季。再比如，签派员对于飞机的放行必须充分考虑到当时气象条件的影响，要避免安排飞机通过有危险或恶劣气候的区域。选择飞行高度及航路时，应仔细考虑这些气象条件，以减少飞机进入这些区域的可能性。当预报航路上有雷暴天气活动，并且不能绕飞时签派员和机长不能签字放行。同时，还要考虑到航路天气对飞机结冰、颠簸等的影响。

2.社会环境

社会环境包括上下级关系、同事关系、家庭关系、个人问题的处理。由于种种原因航空从业人员工作不如愿，产生怨气或是焦虑的情绪，这种情绪控制不好往往被带到工作中而降低工作标准，草率行事，直接影响航空从业人员的工作积极性。

（四）组织管理因素

对航空业来说，从组织角度考虑安全是一次重大的变革。虽然航空从业人员已经逐步认识到组织因素在航空安全中的作用，但由于缺少能用于调查的清晰框架，组织层次的潜在错误经常被安全专业人员所忽视。只有分析组织因素，找出组织层面的潜在错误，使系统对组织采取措施，才能有效地预防事故发生，提高航空安全。

　　管理过程是指组织里管理日常活动的行政决定和规章，包括制定和使用标准操作程序以及在劳动力与管理之间维持检查和平衡的正式方法，这是管理人员发挥作用的重要途径。管理过程对航空安全的影响主要体现在运行、程序、监督三个方面。举例来说，组织上决定加快运行节奏，但它大大超出了监督人员的能力范围，因此监督人员就不得不使用影响员工休息的进度表，或者做出不佳的机组搭配，这就不可避免地增加了系统风险。

　　管理方法要不断改进，使之更科学、合理，而规章制度本身就可能存在缺陷，只有在实践中不断接受检验并不断修改、完善，才能更贴近实际，更好地指导和约束航空从业人员。国家有关部门正在积极尝试各种改变现状的方法，但当务之急是引进或选拔既具有丰富管理知识和经验又拥有较高专业水准和行业经历的管理人员，建立真正的现代的管理网络和现代化、人性化的管理方法。

　　尽管航空人的因素的影响有很多，但只要运用科学的方法，就能够提高人的可靠性，减少人的差错的发生。在对航空事故或不安全事件进行分析时，不仅要从操作者自身找原因，还要从环境、工作对象、制度、管理等多方面去查找，发现导致不安全事件或事故的深层原因，改善工作环境，改进工作对象的设计和制造工艺，完善管理制度。

第三节　环境因素对航空安全的影响

　　环境因素指影响航空安全运行的自然环境和人工环境等。航空安全生产系统的作业场所跨省跨国跨洋，点多线长面广。飞行的自然环境主要指飞行地带和空域、航路及其周围的地形地貌、山丘和河川以及大气物理现象；飞行的人工环境主要指飞行场所的机场、航路、通信、导航、灯光、标志以及保障飞行安全生产的各种固定设施和物体。

一、自然环境因素

　　航空安全生产系统必须考虑自然环境中地形、地貌、风雨、雷电、温度等因素对安全生产的影响。大雾、大雪、冻雨、大雨、雷暴、大风、风切变、低云、沙尘暴、冰雹、高温等自然变化，一般被认为是人力难以改变的，甚至是人力难以抵抗的力量。因此航空安全生产具有一定的不确定性。航空灾害的发生，往往与人类认识自然、掌握自然及利用自然不力有关。"而一次飞行事故的发生，可能是多种危险天气综合作用的结果。对于天气这一特殊因素，只有通过不断配备、改善气象设备，提高对天气预测的准确度，并通知有关部门及早采取应对措施。"[1]必须充分注意自然环境中各种因素对安全生产的影响，加强和发挥安全生产体系的整体功能。

（一）天气条件恶劣

恶劣天气条件是一种客观的自然环境因素，它包括风切变、雷暴、飞机地面结冰、飞行结冰、颠簸、积雨云和低云、高温天气、跑道污染及火山灰等。

民航从业人员认为对航空安全影响较大的天气、环境因素是风切变、雷雨，其余依次为鸟害、大雾、沙尘暴和机场净空等。

（1）风切变。风切变是指相邻（上下或左右）两部分空气间的风向和风速都有显著差异的现象。风切变是风的不连续性造成的，具有时间短、尺度小、强度大的特点。大约20%的航空事故与风切变有关。根据风场的空间结构不同，风切变分为垂直的风切变、水平的风切变和垂直风的切变。低空的风切变通常发生在600米高度以内，即飞机的起飞和着陆飞行阶段。雷暴等不稳定的强对流天气、风面过渡带和低空逆温层，是最易产生低空风切变的天气背景和环境，机场周围山脉较多或复杂地形也是风切变形成的诱因。机场上空的风切变风向、风速突然发生急剧变化，会使驾驶员难以控制航速和航向以保持机身平衡，容易造成航空事故。

（2）雷雨。雷雨是在强烈垂直发展的积雨云内所产生的一种剧烈天气现象，它发生时电闪雷鸣，并伴有疾风骤雨和强烈的湍流，有时还会夹杂着冰雹。如果飞机不慎进入积雨云中，强烈的气流会造成飞机中度以上颠簸，如果极为强烈的话，可以使飞机的飞行高度在瞬间上升或下降几十米甚至几百米，剧烈震动时飞机上的仪表指示往往滞后，不能准确地反映飞机瞬间的飞行状态，如果飞行员的操作稍有不慎，飞行事故便可能发生。同时，积雨云中的雷电对飞机的威胁

---

[1] 王永刚，张朋鹏.基于组织因素的航空安全评价与分析[J].安全与环境学报，2007（01）：149.

更大，轻则无线电罗盘失灵、电源损坏，重则机毁人亡。

（3）大雾。机场的能见度对飞行安全至关重要。大雾天气地面能见度太低，使飞机无法正常起降。飞机是高速行驶的运输工具，若飞行人员在决断高度和范围时看不清跑道，飞机则无法着陆，甚至可能与地面建筑物相撞。

（4）云。机场上空高度较低的云会使飞行员看不清跑道，直接影响飞机的起降。其中，危害最大的云是对流云，飞机一旦进入其中，易遭到电击，使仪表失灵，油箱爆炸，或者造成强烈颠簸、结冰，使操纵失灵，发生飞行事故。

（5）吹雪。吹雪也是造成机场低能见度的原因。当地面有积雪，强风将积雪吹起飞舞在近地面空中，使得能见度小于10千米。如果雪片被风吹起，高度超过2米，称为高吹雪；如果高度不超过2米，称为低吹雪。

（6）结冰。飞机结冰是指飞机机体表面某些部位聚集冰层的现象。它主要由云中过冷水滴或降水中的过冷雨碰到飞机机体后结冰形成，也可由水汽直接在机体表面凝结而成。飞机结冰会使飞机的空气动力性能变差，使飞机的升力减小，阻力增大，影响飞机的安全性和操作性。在旋翼和螺旋桨叶上结冰，会造成飞机剧烈颤动；发动机进气道结冰，可能会损坏飞机；风挡结冰，妨碍目视飞行；天线结冰，影响通信或造成通信中断。机翼结冰严重威胁飞行安全，已经造成了多起重大事故。

（7）地形波。地形波是气流经过山区时受地形影响而形成的波状运动。气流较强时运动也比较强烈。根据气流和风的垂直分布，地形波可分为层流、定常涡动流、波状流和滚转流四种类型。地形波中的垂直气流可使飞机的飞行高度突然下降，严重的可造成撞山事故；地形波中强烈的湍流，可造成飞机颠簸；在地形波中垂直加速度较大的地方，可使飞机的气压高度表的指示产生误差，当飞机在机场附近低空飞行时，更容易发生航空事故。

（8）气温和气压。气温和气压因素影响飞机起飞和着陆时的滑跑距离，影响飞机的升限和载重以及燃料的消耗。专家指出，飞机的准确落地和高空飞行离不开场压和标准大气压，而气温对飞机的载重和起飞、降落过程的滑跑距离影响较大。随着气温的升高，空气的密度变小，飞机产生的升力变小，飞机载重减少，同时使起飞滑跑距离变长。

此外，风沙、浮尘等也会影响机场的低能见度，直接影响着飞机的安全起降。

（二）地理环境复杂

机场的地理位置对航空器的安全起降非常重要。机场位于地理环境较复杂的地带，如机场周围有高地、山脉等，航空器发生事故的可能性会更大。

尽管事故原因多种多样，但大雾和气流，以及机场附近的地形条件，是部分致灾原因。若再加上飞机起降过程中遭遇较恶劣的气象条件，容易发生航空灾害。

二、人工环境因素

人工环境涉及机场、航路以及通信、导航、雷达等设施的设计配置。不良的人工环境，与其他致灾因素相互作用，会导致航空灾害的发生。

（一）机场环境因素

航空器整个飞行过程中，进近着陆阶段和起飞阶段是最容易发生事故的阶段，其中进近着陆阶段被航空运输界称为"航空杀手"，在众多致灾因素中，机场环境因素尽管不是主要因素，但这些因素却构成了航空事故链中的重要一环。

（1）鸟害。鸟害是指飞机飞行过程中与飞行中的鸟类发生碰撞，引起飞机机械损伤、飞机动力装置受损、失去动力，进一步引发飞机失去控制，在起飞和进近着陆阶段造成起飞中断、偏出/冲出跑道，甚至造成航空器坠毁等严重事故。鸟击事故较多发生在机场附近的600米高度以下的空域，飞鸟或者突然被吸入发动机，造成发动机损坏甚至停止工作；或者撞击飞机驾驶舱的玻璃，直接影响飞行员的工作；还有飞鸟会撞进飞机的起落架，使起落架工作失灵。鸟击飞机、撞坏飞机雷达天线罩、阻塞飞机起落架以及鸟被风扇和涡轮切碎吸入发动机等都会对飞机造成不同程度的损害，甚至造成机毁人亡的事故。

（2）机场净空。机场净空是指按照国际民航组织规定，以机场为中心，在半径为15千米的范围以内，制定的对建筑物高度限制的飞行空间。机场净空是机场的生命线，是保障航班安全的基本适航条件。机场净空影响到机场的天气标准，机场净空条件好，天气标准就低；反之，机场净空条件差，天气标准就高，航空器的起降变得复杂，飞行事故随时都可能发生。

（3）场道条件。

①障碍物。场道两端有障碍物，如停放的车辆、航空器、其他设备、行进和滞留的人员、牲畜等没有在规定安全范围内，致使航空器起降时有撞上障碍物的

可能性。

②道面清洁。道面有金属物、石子、纸屑、树枝等杂物没有被清理掉，在航空器起降时，容易被吸入发动机或其他部位，轻则造成机身划伤，重则破坏航空器动力系统，造成严重事故。

③道面强度。跑道使用时间较长，经冰冻或水泡，容易造成道面强度不够，如不及时修复，就会成为安全隐患。

④道面积水、积冰。不及时清理道面积水或积冰会降低跑道的摩擦因数，航空器在滑行时容易冲出跑道。飞机在湿跑道和积水跑道上着陆时，经常发生滑水事故。大多数的滑水事故是由于跑道结构不好或跑道设计错误而造成。

（4）助航灯光。机场助航灯光系统由进近灯光系统、跑道灯光系统和滑行道灯光系统组成，各具有不同的功能和作用。下滑灯属于进近灯光系统，在跑道两边各一路，对飞机进近和着陆起着关键的作用，是飞机降落的引导标示。如果机场没有导航灯，将直接导致夜航无法保障，对航空安全构成极大的威胁。

（5）飞行物干扰。机场一般位于城市郊区，周边是空阔的地带，有些人喜欢到机场附近放风筝，飞翔的风筝干扰了驾驶员的视线，影响飞机的安全起降；若风筝被卷入发动机，航空事故甚至灾害的发生将难以避免。此外，气球对安全飞行的危险也很大。

（6）烟雾。很多机场的周边是农村，农民可能在机场附近燃烧秸秆、稻草、树叶等，燃烧时产生的滚滚浓烟会降低机场周围的能见度，形成安全事故的隐患。

（7）鞭炮、烟花。如果有人在机场周围燃放鞭炮和烟花，在夜晚降落的航班，将无法区分机场地面导航塔的灯光和焰火的火光，导致飞机难以安全降落。

（二）空中管制环境因素

1.航路空域环境

航线设计不合理、空域管理不当、空中交通流量过大，都会对航空安全产生影响。

2.通信导航环境

通信环境差，如通信设备落后或出现故障、信号干扰导致信息失真、通信中断等，可能会成为致灾因素。例如，某区域雷达发生故障（只能收，不能发），5分钟后雷达死机。使得4架飞机盘旋等待，1架备降，3架地面等待，造成了一起不安全事件。

3.空中交通冲突

空中交通活动相互占用或相互作用特定飞行安全保护空间的情况被称为空中交通冲突。空中交通冲突直接威胁着空中交通活动的安全。具有多种冲突形式，不同的冲突形式对应着不同的空中交通危险等级。

依据空中交通活动所在的多维空间特性，冲突情况可以分为下列不同的几何形态：

（1）空中交通垂直冲突。它是指在不符合水平间隔标准（或时间间隔标准）的情况下，空中交通活动之间的小于或即将小于垂直间隔标准的情况。

（2）空中交通水平冲突。它是指在不符合垂直间隔标准的情况下，空中交通活动之间的水平方向上所在的小于或即将小于水平间隔（纵向或横向）的情况。

（3）空中交通时间冲突。时间间隔通常是水平间隔的另一种非精密表达方式，它是指空中交通活动之间在不符合垂直间隔的情况下，小于或即将小于规定时间间隔的冲突情况。

空中交通冲突处理是现代空中交通管理的重要环节。处理冲突应根据空中交通的发生可能和发展趋势，采用不同的冲突处理方法。

（三）飞行工作环境因素

飞行工作环境因素是影响机组行为失误的外因，是造成航空灾害的间接原因。飞行工作环境因素涉及的方面较多，这里主要从两个方面进行分析。

1.时间压力的影响

统计资料表明，有相当数量的飞行事故是由于飞行员的时间分配和管理不合理，造成时间压力而导致的。飞行员一旦对时间管理出现异常，便可能进入高应激状态和高工作负荷状态，进而引发事故。

航班大部分飞行阶段都采用了精心设计的标准程序，如起飞前检查单、请示起飞许可等一系列的项目和动作。但在飞行前阶段则不然，飞行员需要查看飞行计划、气象信息，同时要注意燃油装载、派遣单与放行、飞机维护和最低设备清单项目等。所有这些工作都在很短的时间内进行，因此飞行员常常因为怕航班晚点而感到时间紧迫，压力很大。在进近着陆阶段，尽管大多数工作和计划是程序设计好的，但盘旋等待、复飞、天气突变等现象却是临时出现的，容易使飞行员感到焦虑不安，更会给那些飞行准备不充分、经验很少或心理承受能力差的飞行员带来沉重的心理压力。

时间压力的影响因素可分为自我因素和环境因素两类。自我因素往往会导致自我时间压力，指由于飞行准备不充分或工作安排、时间分配不合理而造成的飞行员主观上的时间紧迫感。环境因素是指由于外部环境和条件带给飞行员的时间紧迫感，它是客观存在的。环境因素在飞行中表现很频繁。例如不良的气象条件、飞行计划安排太紧、飞机故障、空域拥挤、等待旅客或货物等。环境因素与自我因素往往相伴而生，它们互相作用的后果是使飞行员进入高应激状态，判断、决策能力和操纵能力严重下降，很可能导致事故征候或事故。

2.工作负荷的影响

工作负荷与飞行事故关系密切，工作负荷过高或过低，都会对飞行员的行为产生不良影响，导致错误率的增大，从而诱发飞行事故。

高负荷的工作条件会对飞行员的身体和心理造成极大压力，当工作负荷超过了飞行员的工作能力极限时就会引发飞行事故。在"起飞、爬升""进近、着陆"的前后两分钟内，机场区域1.5千米范围内的特殊飞行阶段中，由于驾驶员的操纵增多，工作负荷大，是极易增加驾驶员出错的环境。飞机着陆阶段的事故率高居整个飞行过程事故率之首，其主要原因正是由于飞行员操纵工作量的激增和长途飞行的疲劳，形成飞行阶段中最高的工作负荷。

机载设备的自动化程度增高，造成工作负荷过低，随之而来的飞行员新型差错，是造成航空灾害的重要原因之一。随着自动化技术的应用，驾驶员操纵飞机的方法发生了极大变化。飞行员不仅是操纵员，而且是系统监督员和管理员。自动化技术有许多优点，但大量新设备的使用、多功能的仪表和复杂的信号都给飞行员带来了新问题。

第四节　管理因素对航空安全的影响

一、航空安全的管理致灾因素

通过对人的致灾因素、飞机设备致灾因素和环境致灾因素的分析，可以发现造成航空灾害的关键因素，实际上是航空组织安全管理波动和航空组织安全管理失误的作用。对各因素的分析有各自不同的相互关系重点。其中，驾驶员操作、判断因素主要涉及人—机—环境关系；维修人员因素主要涉及人—机关系；空管人员及航空组织的管理则主要涉及人—人关系。当然，人—机系统所需考虑的因素还包括其他许多方面，如人—机关系方面涉及的人—机界面的设计。这些关系的失调，是导致航空灾害的根源，只有从管理角度对这些关系进行协调和控制，才能有效地防范航空灾难。

（1）航空公司的管理致灾因素。对航空公司工作人员的调查结果表明，被调查人员认为航空公司最容易出漏洞的安全管理环节依次为机组管理、机务维修管理、飞行安全管理、高层安全管理决策、信息安全管理、安全监察和航行安全管理等。

（2）机场的管理致灾因素。对机场工作人员的调查结果表明，被调查人员认为民航机场最容易出漏洞的安全管理环节依次为对重点岗位人员的安全监督、旅客登机安全检查、信息安全管理、机场设施管理和道场安全管理等。

无论是航空公司容易出漏洞的安全管理环节，还是民航机场容易出漏洞的安全管理环节，都反映出航空灾害的关键致灾因素是航空组织安全管理波动和安全管理失误。

二、航空安全管理失误的原因

航空组织的正常运转，应是不同组织成员按照一定的规范而发生相互交往的过程。假如安全管理主体在工作中出现失误，则会使安全管理出现偏差，从而引发安全管理波动。例如在安全管理行为中的职权交叉、越权及互不合作，以及过分情感化和经验化取向等，都会影响安全管理的功能发挥。

造成安全管理失误的主要原因：一是安全管理主体的素质低下，安全意识淡薄和安全知识匮乏，或存在安全管理误区；二是安全管理体系存在缺陷，对安全管理主体行为监督不力；三是航空组织氛围的消极影响。

（一）安全管理主体的素质缺陷

安全管理主体的素质缺陷，主要表现在安全意识不强。当经济压力增大时，航空安全常常与经济效益产生矛盾，而航空组织的管理层在大多数情况下会屈从于经济利益。

美国大多数大型航空公司的安全管理都有较大的安全裕度，因此根据航空市场变化进行调整后仍能达到安全标准，而不会造成大的事故。然而许多小航空公司没有较宽的安全裕度，因此经济压力可能使他们的管理工作只能勉强达到安全标准，甚至不能达到标准，从而无法保证航空安全。因此，航空组织的决策层必须坚持"安全第一"的理念和做法，航空安全决不能让步于经济压力。

现代航空安全生产大系统如此复杂，几乎集合了现代科技的一切成果，涉及众多学科的知识。因此，必须提高航空安全管理人员素质，使之不但具有优秀的思想品德、熟练的技能，还具有丰富的科学知识和综合管理能力。

（二）安全管理体系的内在缺陷

（1）管理体制不合理，系统内部关系不顺。

（2）安全管理组织的内部缺陷，比如组织结构设计不当、功能缺陷、管理流程不当等面。由于组织本身内在的设计缺陷，组织中的人再怎么按标准、依程序进行管理，也不可能圆满地实现安全目标。

（3）缺乏有效的控制体系、责任体系和监督体系，成为导致安全管理失误的关键。例如，国内某航空公司一架航班飞机上升至9600米2分钟后，与地区分管调度失去联系，区调执行了"失去通信联络程序"。机组没能及时察觉通信中断，后检查发现收听区调的频率改变时，才使用另一部甚高频设备与地区空管调度联系沟通，前后中断通信26分钟。这一不安全事件表明，机组在飞行中收听意识不强，没有及时发现机上使用的甚高频调频设备故障，造成跑频长达26分钟没有警觉和发现。值得警惕的是，类似的航空安全隐患并非鲜见。表面上看来，是当事人的个人差错，实质上反映出机组管理的失误，也反映出航空公司管理制度和监督体系的漏洞，导致基层安全责任不落实。

（三）航空企业的组织氛围影响

组织氛围是指有关航空组织的工作任务、管理策略、领导风格、企业信条以及职工态度等一系列企业文化因素所构成的整体印象。每个航空组织都有自己独特的组织氛围。它对员工的动机、态度和行为都有明显的影响。组织氛围无处不在，上至公司的决策，下至每一个部门的具体行为都受其影响。例如，谁负责某架飞机、所使用的设备类型、用于操作或训练的软件或手册的选择、故障的处理意见以及部门之间的联系，都反映组织氛围及与之相适应的航空运营环境。组织氛围既反映航空组织的企业文化，同时也反映管理层在安全、效益、投资、基建和维修等方面进行权衡后所做出的决策质量及决策水平。这些决策不局限于具体的工作,而是在更高的层次上为安全制定的标准。

航空组织氛围与组织文化密切相关。当一个航空公司经过长时间发展而逐渐成熟后,它的一整套企业文化就会影响其所有决策的制定,也相应地会改变其组织氛围。然而,并非所有的航空公司都能在管理上体现出这种企业文化的变化并形成适宜的组织氛围。因循守旧,亦步亦趋的管理模式已经很难适应当今这样快节奏的时代。变化、合并以及竞争对现代航空公司的管理提出了新的挑战。

组织氛围反映了航空公司建立起来的政策体系及价值体系,并能够使航空公司中的每一位员工都感受到公司的规范和价值观。这些规范和价值观是通过一系列选择来表现的,包括对人员、目标、培训投资等方面的选择。这些明确的、高度透明的选择表达了航空公司在期望、价值和奖赏等方面的定位。一般情况下,航空公司用广告等形式向公众提供有关自己组织氛围的信息,以期望塑造良好的外部形象。而对公司员工来说,组织氛围的信息总是体现在日常工作中,并由决策层和管理层的一系列决定表现出来。

第三章 航空飞行安全及预警救援

航空业是高科技、高风险的资本密集型服务性行业，在当代社会中已成为国民经济发展的重要驱动力量。如何提高航空飞行安全，改善航空安全预警管理机制，进一步降低事故率，提高防灾减灾水平，促进航空业健康持续发展是重中之重。本章重点探讨航空飞行操作信息获取与错觉、航空飞行人员的判断与决策、航空安全预警管理机制、航空安全的危机应急救援。

第一节 航空飞行操作信息获取与错觉

一、人的信息处理

我们在生活中会遇到各种各样的信息，如听到的声音，看到的图像、字符、视频，皮肤感受到的触觉等。人的信息处理就是将看到、听到或感知到的信息转变为自身能够理解的信息并执行的过程。例如，副驾驶将机长的航向要求转变为实际的操作，乘务员将旅客的要求转变为实际的工作等，都是人对信息处理的过程。

人脑是由数十亿神经细胞形成的网络，能快速地以串行和并行方式处理内、外部的信息（如光到视网膜、声波到鼓膜、思维、记忆、疼痛等）。有些信息处理的过程是完全自动化的，如写字、走路、跑步、应答及熟练掌握的技能等。有些则需要通过思考即思维活动才能进行处理，如飞行员在遇到仪表信息与自身感知不同的时候，就需要进行认真分析，才能判断出是仪表出现了问题还是自身的感知出现了错误；安全员在遇到行为举止不正常的旅客时，也只有进行细致的观察并结合自身的工作经验才能判断出旅客是否有不良的企图。人的信息处理过程包括感觉、知觉、决策、注意、行动等。

（一）感觉

感觉是人脑对直接作用于感觉器官的客观事物的个别属性的反映。人的感觉器官接受内、外环境刺激后，会将其转化为神经冲动，通过传入神经传至大脑皮质感觉中枢，便产生了感觉。感觉是人类认识外界事物的开端，是人类了解外部世界的主要渠道，也是一切复杂心理活动的基础和前提。

人的感觉包括视觉、听觉、味觉、嗅觉、肤觉、运动觉和本体觉等，人体的这些感觉既能够接收外部环境的信息，又能感知身体所处的状态。例如，当草莓作用于人体感觉器官时，通过视觉可以了解它的颜色，通过味觉可以了解它的酸甜味，通过嗅觉可以了解它的清香气味，通过触觉可以了解它表面的粗糙。同样，我们能够感觉到双手的举起、身体的倾斜以及肠胃的剧烈收缩等。人类通过对客观事物的各种感觉来认识事物的各种不同属性。

（二）知觉

知觉是对外界客体和事件所产生的感觉信息进行组织、加工并解释的过程。人们对客观事物的个别属性的认识是感觉，对同一客观事物的各种感觉的结合，就形成了对这一事物的整体认识，称为知觉。知觉是直接作用于感觉器官的客观物体在人脑中的反映，是在感觉的基础上产生的，所感觉到事物的个别属性越丰富、越精确，对事物的知觉也就越完整、越正确。

知觉有选择性、整体性、意义性（理解性）和恒常性等四个基本特性。知觉和感觉一样，都是刺激物直接作用于感觉器官而产生的，都是我们对现实的感性反映形式。离开了刺激物对感觉器官的直接作用，既不能产生感觉，也不能产生知觉。通过感觉，我们只能知道事物的个别属性，通过知觉，我们才能对事物有一个完整的认识，从而知道它的意义。

（三）决策

在对外界信息的含义进行分析处理后，无论这种处理是否正确，人的信息处理过程都会进入决策阶段，在对外界刺激做出应答性行为之前，决策者要对各种因素进行权衡，这些因素既包括心理因素，也包括生理因素。如功利心或带有情绪性的思考会使人考虑过多与飞行无关的因素，进而影响到正确的决策。此外，飞行疲劳、应激、疾病、药物、动机等也会影响一个人的决策过程，进而可能出现错误的决策。

对外界信息处理的确切程度决定了决策的速度，不确定性越大，决策的时间将会越长。此外，决策还会受到知识在记忆中储存形式的影响，知识掌握越牢固，技能越熟练，决策就会越容易。在决策阶段，导致人类错误的一个非常重要的诱因是虚无假设和错误推论，虚无假设非常危险，当事者一旦陷入常常无法自拔。

（四）注意力

虽然人类感觉信息的通道非常多，但注意力却具有单通道的性质，这种"瓶颈"结构是整个信息加工系统中的一道屏障。人类注意力容量的有限性，是导致机组人员注意力分配和转移困难的根本。例如，飞行学员刚参加飞行训练时，常常会发生"错、忘、漏"的现象。同样，由于注意力容量的有限性，如果在同一时刻有多名旅客要求乘务员做服务工作，乘务员就可能会手忙脚乱，甚至出现错误。

（五）行动

做出决策后，一定的行为便会被激发或抑制。有时，决策和行动会出现分离的现象，如日常生活中常见的"答非所问"现象。在飞行中也会出现类似的情况，即决策与行动相分离的情况，如明明是想推杆，结果变成了拉杆。出现这种情况的一种可能原因是机组人员的注意力没有十分集中，在工作时思考其他的问题；另一种可能原因是机载设备等的设计与原来的经验不符，从而出现错误。此外，行动时动作被内心深处埋藏的原因激发或抑制也会造成这种现象。

二、视觉

视觉是人类最重要的感觉，飞行员飞行中所需要的外界信息至少有80%经视觉获得。通过视觉，人类感知外界物体的大小、明暗、颜色、动静，从而使机体获得对生存具有重要意义的各种信息。视觉系统是神经系统的一个组成部分，它使人类具有了视觉能力，使用可见光信息构筑机体对周围世界的感知。视觉系统具有将外部世界的二维投射重构为三维世界的能力。眼睛是视觉系统的一个重要组成部分，眼睛的功能就像一个精密的照相机一样，使得可见光转换为一系列可被神经传递的信息。进入眼球的光线首先被角膜折射，然后通过瞳孔（由虹膜控制其大小），再由晶状体进一步折射，晶状体使光线发生翻转，并将图像投射至视网膜。视觉的形成过程为：光线—角膜—瞳孔—晶状体（折射光线）—玻璃体（固定眼球）—视网膜（形成物像）—视神经（传导视觉信息）—大脑视觉中枢（形成视觉）。

视网膜就像是相机里的感光底片，专门负责感光成像，视网膜上的感光细胞将光信号转变为神经冲动，通过视神经传到大脑中枢，从而形成视觉。视网膜上的感光细胞按其形状可分为视杆细胞和视锥细胞两大类。夜间活动的动物其视网膜的感光细胞以视杆细胞为主，昼间活动的动物则以视锥细胞为主，但大多数脊椎动物（包括人）则两者兼有之。

在人的视网膜中，视锥细胞约有600万~800万个，视杆细胞总数则可达1亿个以上。视网膜后部有一直径约2mm的浅漏斗状小凹陷区，由于该区含有丰富的叶黄素，故称为黄斑。在视网膜中，视锥和视杆细胞的分布是不均匀的，在视网膜黄斑部位的中央凹区，几乎只有视锥细胞，这一区域能够分辨物体的细节，对明光敏感，并且具有良好的色觉，对于视觉最为重要。中央凹以外的区域，两种细胞兼有，离中央凹越远视杆细胞越多，视锥细胞则越少。视杆细胞在光线较暗时活动，有较高的光敏度，对弱光敏感，但不能做精细的空间分辨，且不参与色觉。在视神经出入视网膜的部位（视盘），由于没有任何感光细胞，便形成了盲点。

三、听觉和前庭觉

（一）耳的构造

人耳一方面能够通过接收空气中的振动来探测声音，另一方面可以感受身体的平衡和加速度，前者为听觉，后者为前庭觉，两者均为耳的功能。

人耳由外耳、中耳和内耳三部分组成，其作用是接收来自空气的振动并把这些信号转变成大脑能够识别为声音的神经脉冲。

外耳包括耳郭和外耳道。耳郭的作用是收集声波，辨别声源，有些动物的耳郭能自由转动，便于"捕捉"声音。外耳道负责传递声波，将之传至中耳。

中耳包括鼓膜、听小骨、鼓室、中耳肌、咽鼓管等结构，主要起到传递声音的作用。咽鼓管由鼓室通至咽部，平时处于关闭状态，仅在吞咽和某些口部动作时开放，可使鼓室内的空气压力与大气压力经常保持平衡。

内耳为复杂而曲折的管道，故又称此管道为迷路。迷路可以分为耳蜗、耳石器和三个半规管，管内充满淋巴。耳蜗和听觉有关，耳石器和半规管则与前庭觉有关。耳蜗内有听觉感受器，由中耳传来的声波振动，会振动耳蜗内的淋巴，刺激听觉感受器而产生神经冲动，再经听神经传至大脑皮层的听觉中枢而产生听觉。

(二) 听觉

听觉是指声源振动引起空气产生疏密波（声波），通过外耳和中耳组成的传音系统传递到内耳，经内耳的作用将声波的机械能转变为听觉神经的神经冲动，后者传送到大脑皮层听觉中枢而产生的主观感觉。

（1）听觉的形成过程。听觉的形成过程是：声源—耳郭（收集声波）—外耳道（使声波通过）—鼓膜（将声波转换成振动）—耳蜗（将振动转换成神经冲动）—听神经（传递冲动）—大脑听觉中枢（形成听觉）。

（2）听觉的频率范围。在一般情况下，听觉的适宜刺激是频率为20~20000Hz的声波，也叫可听声。对于不同年龄的人，其听觉范围也不相同。例如，儿童能听到30000~40000Hz的声波，而50岁以上的人只能听到13000Hz的声波。一般人对20Hz以下和20000Hz以上的声波，是难以听到的。当声强超过140dB时，声波引起的不再是听觉，而是压痛觉。

(三) 前庭觉

前庭觉是人体平衡的重要感觉，又称为平衡觉、静觉。产生前庭觉的前庭器官位于中耳，是人体平衡系统的主要感受器官，可分为半规管和耳石器两部分。半规管分为水平半规管、前半规管和后半规管三部分，三对半规管互成90°夹角；耳石器又称为前庭，分为球囊及椭圆囊两部分；双耳的三对半规管的一端稍膨大，形成壶腹；在人直立并且头向前低30°时，水平半规管所在平面与地平面平行，前半规管位于与矢状线约成45°的矢状平面内，后半规管位于与冠状线成45°的冠状平面内，椭圆囊位于冠状平面内，球囊位于矢状平面内，椭圆囊与球囊互成90°夹角，其上部有许多钙盐结晶体（称为耳石）附着在耳石膜结构上。

前庭器官是感受速度变化和姿态变化的重要器官。当人体进行旋转或直线变速运动时，角速度的变化（包括正、负加速度）会刺激三个半规管的感觉毛细胞，当头的位置和地球引力的作用方向出现相对关系的改变时，会刺激耳石器中的感觉毛细胞。这些旋转、水平及垂直加减速度等动态刺激会通过前庭神经传入大脑，从而引起相应的感觉和其他效应。三个半规管可以感知身体旋转的角加速度，而球囊、椭圆囊能感知线加速度。

耳石器只能感受加速度的合力，而不能辨别构成合力的各个分力的来源。比如，当飞行员在做协调转弯时，飞机上的人员便只能感受到地心引力和向心力的合力。这是因为，人体是为在大地上感知缓慢运动而设计的，已经习惯于准确地感知1g的地心引力，而对三维飞行空间中作用力的感知能力就要差得多。例如，当飞行员以60°做协调转弯时，他将通过座椅感受到2g的作用力以及60°大小的角度。但当闭上眼睛时，因为没有线加速度，感觉纤毛将处于直立状态，他将会感觉自己仍处于直立位，飞机没带坡度飞行。

第二节 航空飞行人员的判断与决策

一、航空飞行人员的判断

飞行员判断是指飞行员在做出决策的过程中所进行的一切心理过程，其中包括察觉信息、评估信息、产生变式、鉴别变式、执行决定及评价执行等环节。决策则是飞行员从多种可能性中做出选择的过程，简单的定义就是做决定。

判断是决策的前提，决策是以判断为基础并导向行动的中介环节。因此，飞行员的决策是指在判断的基础上，从众多的可选方案中选择唯一方案并导向行动的过程。

飞行操作所需的大量信息来自视觉、听觉、触觉及前庭觉通道。一方面，每一种感觉通道都有可能输入错误的信息，从而使飞行员做出错误的判断和决策；另一方面，即使各种感觉通道输入的信息是正确的，在分析、加工和处理信息的过程中，大脑也可能会因使用错误的或质量低劣的过去经验而使飞行员的判断和决策失误。

二、航空飞行人员的决策

（一）决策的类型

1.广义决策

广义决策把决策理解为一个过程。因为人们对行动方案的确定，往往经过提出问题、搜集资料、确定目标、拟订方案、分析评价、最后选定等一系列环节。方案选定后，还要检查、监督决策的执行或实施情况，以便偏差出现时能及时纠正，忽视任何一个环节，都可能会影响决策的效果。

2.狭义决策

狭义决策是基于某些标准，从数种不同的可能方案中选出一个最优方案，也就是把决策仅仅理解为对行动方案的最后选择，即人们常说的"拍板"。更狭义的决策，仅指在不确定条件下的方案选择。按决策问题所处的条件不同，决策可以分为确定型决策和不确定型决策两大类，不确定型决策又可分为风险型决策和非风险型决策。机组资源管理中的决策属于狭义上的决策。最初看来，决策好像是某一个人的事情，机长毕竟是最后的权威并对飞行的决策负责。然而，机组决策却是一个群体的加工过程，在驾驶舱中有许多硬件、软件以及可用的人力资源，包括机组的其他成员、空中交通管制员、交通调度员和各种各样的信息源。决策者如果不依赖其他机组成员和驾驶舱外其他人员输入的信息，是不能做出好的决策的。需要指出的是，在紧急状态下，机组决策关系到飞机与旅客的安全，要求做出风险型决策，对于这种决策，机长应着重考虑以下四个方面：

（1）考虑到所有的可能性，选择最有希望的方案行动。

（2）准备好必要的应变方案，以便在可能的不测事件发生时能应对自如。

（2）运用各种主客观条件，尽量化险为夷。至少要考虑到飞行员、航空器、环境因素和可用时间四个基本要素，通过交流提高情景意识水平，使风险型决策转化为确定型决策。

（4）留有余地，要有最后的保险手段。如同飞机部件设计中要有安全阀、控制阀一样，风险型决策要有尽可能有效的保险手段。

有些决策，尤其是在时间压力下做出的决策，往往是凭经验做出的。这时，很少有时间去收集所有可用的信息，或去评估可选择的解决办法。这时就要求靠直觉做出决策，是基于过去的经验和训练。当然，紧急情况是相对少见的，大多数情况是充足的时间来做出更慎重或经过分析的决策。这时要严格遵循以上概括的步骤，分析决策的形成，应用决策者合作的资源，并进行更有依据的决策。

（二）决策的模型

决策的两部模型包括DECIDE模型和五种危险态度。

1.DECIDE模型

飞行员的DECIDE模型是CRM训练中飞行策过程中的判断工具，是飞行员觉察、识别、诊断问题，确定可用方案并进行风险评估的过程。

D：Detect，察觉。指飞行员察觉异常情况的过程，与飞行员的注意警觉性和搜寻能力有关，与飞行经验和知识密切相关。

E：Estimate，估计。飞行员对异常情况进行分析和评价，确定它的来源和对飞行的危害。

C：Choose，选择。飞行员从众多可选方案中选出最佳解决方案。

I：Identify，鉴别。对所选方案进行风险分析，确定这一方案是否能有效改变异常情况，确保飞行安全。

D：Do，执行。飞行员执行最佳方案，机组人员相互监视完成。

E：Evaluate，评价。飞行员对行动实施的效果进行监视，做出评价。

飞行员决策的DECIDE模型是描述飞行员判断和决策过程的理论框架，利用DECIDE进行分析，可以使飞行员更容易做出最有效的最佳方案。DECIDE模型也可作为训练飞行员判断和决策能力的工具和技术。

2.五种危险态度

在大量研究的基础上，航空心理学家目前已识别出以下五种影响飞行员判断的危险态度。

（1）反权威态度：这种态度存在于不喜欢任何人告诉他应该做什么的人身上。由于机长和副驾驶地位高，经验丰富，他们都有可能产生这样的态度。

（2）冲动态度：经常感到时间紧迫、需要立刻做某事的人往往具有这种态度。产生这种态度的飞行员往往是过分夸大了处境的严重性，既可能由不良认知方式引起，也可能与其个性中的急躁性格有关。

（3）侥幸心理态度：认为事故只会发生在别人身上而自己运气总是很好的人容易产生这种态度。这与其平常做事不积极的态度也有关系。

（4）炫耀态度：总是试图显示自己如何能干、如何优秀的人往往具有这种态度。这种态度一般常由飞行员对自己的能力评价不合理、对飞行条例认识不足、过分相信自己的能力并喜欢在别人面前炫耀引起。

（5）屈从态度：感到无法控制自己命运的人往往持有这种态度。产生这种态度的原因一方面是当事者性格懦弱，另一方面则可能与其经常遭受挫折的生活经历有关，从而形成了一种消极的态度。

对抗危险态度的措施是逆向思维。当飞行员产生危险态度且已经意识到时，应通过意志努力，转换认知角度，对抗五种危险态度。

第三节　航空安全预警管理机制

一、航空安全预警管理的组织方式

"在航空器日趋大型化、民用航空跨越式增长的背景下，空防安全保障已成为我国民航强国建设的基础性工程之一。"[1]民用航空系统是一个复杂的社会系统，由于航空灾害的致灾因素错综复杂、涉及面广，因此，航空安全预警管理应是行业层面的新型管理机制，但必须落实到航空企业层面才能产生实效。

（一）航空安全预警管理的行业组织方式

在中国民用航空局的统一领导下，各民航地方管理局应在当地建立航空安全预警中心，由地方局安全委员会主管，作为航空原安全监察处的并行或直属机构，指挥、指导、监督和协调所在地航空公司、机场和空管中心等航空企业的预警管理工作。

（二）航空安全预警管理的企业组织方式

航空安全预警管理系统置入航空组织结构后，必会导致原有组织结构的结构调整与职能重组。通过预警预控新置功能的介入对原管理系统一些职能的归并，形成一个相对独立的组成部分。下面主要对航空公司、机场的新型职能分配及组织构成进行探讨。

1.航空公司的组织体系重构

（1）我国航空公司现有的组织结构。我国航空公司现有组织结构是典型的职能部门化组织结构。它有利于航空公司专业化分工的优势；有利于航空公司各业务部门和后勤保障部门在最高主管的领导下，各司其职，从事安全生产活动；有利于维护最高行政指挥的权威，维护组织的统一性。

（2）航空公司的新型职能分配。从航空公司组织体系的功能分工与运作效率角度考虑，将企业组织的功能系统分为战略管理系统、执行管理系统和预警管理系统。预警管理系统对战略管理系统和执行管理系统进行监督、控制和纠错，其职能包括常规监控、综合监控和危机监控。

常规监控指航空企业内部日常性的单指标的技术性监控，这种职能在现有企

---

[1] 董青，贺元骅.建设我国民航空防安全预警智能体系[J].中国民用航空，2012（01）：56.

业组织系统中已被确定。综合监控是旨在监控航空企业内外不利因素对企业安全状态交互作用的预控，是对常规监测的职能进行整体化与综合化的系统监控。危机监控是旨在监控航空安全状态恶化趋势和控制灾害发生的一种特殊监控，它同时涉及企业管理系统的战略管理层和执行层。

因此，上述三类职能之间是一种循环往复的运行过程，形成了共生互补的关系。也就是说，预警监测系统不是航空企业原有职能体系的数量扩充或简单的调整，而是使企业管理系统具有内在防错纠错功能，以保证航空安全生产正常运行的管理功能机制。

由此可见，战略管理和执行管理职能部门基本上没有变化，但其安全监控工作应强调事先预控而非事后处理。为了明确各自的主要职能，计划财务处划分为财务部、计划部和审计部三个部门；预警管理职能部门中，保卫处、政治部的预警职能加强。审计部不仅负责企业内部经济成本审计，而且要对航空公司内外部的致灾现象和预警预控对策进行经济估测或评价。

新设的安全预警部主要行使对安全管理失误的监测、诊断、矫正及预控对策职能。值得注意的是，安全预警部具备辅助性的执行管理职能，但平时不具备战略管理职能。一旦航空企业出现危机时，预警部平时预备的"危机管理方案"便可发挥效用，此时，预警职能已转化为以战略职能为主，并继续履行监控职能，帮助特别管理机构行使全面的战略、执行和监控职能，直至企业的运行恢复正常。危机管理部和咨询机构是在航空灾害发生的情况下设置的临时指挥机构，它是安全预警部的职能在特别状态下的扩展。在航空公司内部秩序混乱、外部环境严峻的形势下，应借助外部专业咨询机构的力量进行管理，故设置咨询机构，由危机管理部门统筹负责。

（3）航空公司的新型组织结构。航空企业的预警管理系统、战略管理系统和执行管理系统构成了"三位一体"的企业组织功能体系，它必须建立相应的组织机构，监控企业高中低层次及横向职能部门的活动范围。

航空公司的预警管理系统，能有效改善航空公司现有安全管理组织结构的功能，并强化了预警预控职能，加强了"事前"安全管理。成立航空公司三级安全预警管理体系，由公司航空安全委员会、公司职能部门和公司生产部门组成。公司航空安全委员会是公司安全决策层，公司职能部门是公司安全监督层，公司生产部门是公司安全保障层。增加预警管理职能，对航空公司原有飞行安全技术部或飞行安全监察室进行改造，增加预警预控管理职能，成立安全预警部。安全预警部负责整个公司安全预警的组织、协调和检查工作。危机管理是一种特殊性质的管理，一旦航空安全局势恢复到可控状态，危机管理即告完成。

2.机场的组织体系重构

（1）我国机场现有的组织结构。现有的机场组织结构是职能部门化组织结构，各业务部门和机场部分保障部门在最高主管的直接领导下，分工合作；另一部分机场保障部门成为独立核算单位。

（2）机场的新型职能分配。预警管理职能部门中，纪检监察部、服务质量部的预警职能加强。安全预警部是在原先安全督察部的基础上建立的，除了行使原有的安全监督职能，主要行使安全预警管理职能。

在机场内部的秩序混乱、外部环境恶化的形势下，应借助外部专业咨询机构的力量进行管理，故设置咨询机构，由特别管理机构统筹负责。

（3）机场的新型组织结构。机场预警管理系统需要相应的组织机构，监控机场高中低层次及横向职能部门的活动范围。

二、航空安全预警管理的责任体系

（一）航空安全预警管理的行业责任体系

我国民航系统安全生产管理实行部门"一把手"负责制，并按照行政管理关系建立中国民航安全委员会。安全委员会由中国民用航空局、中国民用航空地区管理局、中国民用航空省市区管理局、航空公司、机场公司、航务管理中心等单位的主管安全领导和安全机构的有关负责人组成，形成中国民用航空局、地区管理局、航空企业三级安全监察管理机构。

1.安全监察管理机构的职责

民航各级安全监察管理机构的主要职责有：

（1）监督检查各生产部门执行有关飞行安全的各项规章制度情况，落实安全保障措施。

（2）及时掌握各单位的安全生产形势，监督检查生产事故的调查和处理，并提出安全指导意见。

（3）制定有关民航安全生产的规章制度。

（4）组织飞行事故的调查。

（5）组织新航线、新机场、新机型的安全检查。

2.安全监察管理机构的权力

根据民航安全生产的政策法规和规章制度，民航生产安全监察管理机构具有以下职权：

（1）有权立即停止使用危及安全生产的设备和人员。

（2）有权要求有关部门对影响安全生产的问题进行处理、采取措施、限期解决。

（3）有权要求有关部门报告安全情况，提供相关资料。

（4）有权要求有关部门对违章、失职的当事人和事故责任人进行处置。

中国民用航空局通过分析全民航的安全形势及发展趋势，制定相应的标准、程序和规章，完善民航法规、优化空域、改进航路设施等重大决策和依据，为航空预警管理提供支持政策和法律保证。中国民用航空局还应当在进一步强化现有安全监察手段的同时，尽快组织力量，规划并实施航空安全预警管理的行业责任体系的建设工作。

（二）航空安全预警管理的企业责任体系

1.航空公司预警管理部门的职责

在预警预控管理部门中，除了危机管理部履行多重职能以外，安全预警部、审计部将主要履行预警预控职能。下面主要介绍安全预警部、预警管理特别领导小组和特别管理机构等预警部门的职责。

（1）安全预警部的职责。除了安全监督管理职能，安全预警部主要负责对航空公司安全管理失误的监测、诊断、矫正及提出预控对策；同时设置预警监控档案，总结分析经验或教训；培训员工接受失误判识与预防方面的知识，提高其应变能力；进行危机模拟，设计"危机管理方案"供决策层在特别情境下采用。

（2）预警管理特别领导小组的构成及职责。领导小组的主要成员由预警预控中的主要职能部门负责人参加，因为这些管理人员对航空灾害的形成原因及过程非常了解，同时，他们也领导了"模拟危机"的工作，了解相应的危机对策内容。因此，这些人员应当在领导小组中占有较大的比例。危机领导小组的负责人，应当是在任何条件下都能真正实施指挥的人，他可以是航空公司内部人员，也可以是外派人员，但他必须依赖预警预控系统的人员开展工作。

在危机领导小组下设立特别管理机构，由航空公司内各子系统各部门中能够继续履行指挥权的中层干部参加，其任务是执行领导小组的指令。

领导小组的工作实行集权式管理，它只向航空公司董事会或企业管理委员会负责，并接管航空公司原领导层的指挥职能。领导小组的职权，在航空公司安全生产恢复正常状态并确立了新的领导权威后，交出指挥控制权。领导小组随之撤销，特别管理机构亦解散，一切恢复到原来的组织运行秩序。

（3）特别管理机构的职责。在航空公司陷入安全危机状态时，由危机管理领导小组指定组建，只向该小组负责，并主要执行以下职责：

①定期报告航空公司的现时状态，提出缓解现时危机状态的技术方案。

②对航空公司安全危机的发展及其后果进行预测，提出中长期的对策方案。

③指明安全危机形势下最不稳定（或最容易再次失误）的航空公司活动领域。

④训练航空公司全体成员对安全危机的心理适应能力和行为应变能力。

⑤总结危机状态下航空公司管理活动的经验和教训，提炼、归纳并输入航空公司预控对策系统中的对策库中。

同时，危机管理中初始的许多现象或数据，可以组成预警管理系统中的监测工具。另外，危机管理的实施过程，可以训练人们对潜在危机的逻辑思维与识别能力，这可以使危机防范和危机管理活动变得可控和有效。

2.机场安全管理部门的职责

（1）与航空安全直接相关的部门及其职责。

安全预警部门：协助上级贯彻、执行有关航空安全方面的法律、法规和规章制度；负责监督、检查、指导和协调航空安全保障部门的航空安全工作；参与航空安全事故调查；检查各部门开展航空安全教育情况；及时了解掌握飞行安全和地面航空安全保障情况；负责航空安全事故、事件的统计和航空安全信息情况通报；主要行使对机场安全管理失误监测、诊断、矫正及提出对策职能；设置预警监控档案，总结分析经验；培训员工接受失误判识与预防方面的知识，提高其应变能力；进行危机模拟，设计"危机管理方案"供决策层在特别情境下采用。

安全检查站：负责对进入候机隔离区内的人员（含旅客）及其行李、航空空运货物、邮件进行安全检查，防止危及航空安全的危险品、违禁品进入民用航空器危及其所载人员、财产的安全和民航运输的正常运转。

第三章　航空飞行安全及预警救援

航空护卫部门：负责进出港航空器的监护，控制区及通道的守卫，驻场有关单位的安全警卫与巡逻，机场主要交通通道的护卫，停车场的管理，监视并搜集航空护卫预警信息并及时上传。

紧急救援部门：负责飞行应急救援工作，保障飞行安全；负责机场区域内卫生防疫工作和有毒有害工种职工的健康监测管理工作，提供机场人员健康状态的预警信息；负责各航班旅客及机场职工、离退休人员、家属的医疗保健工作；承担紧急情况下的消防救援工作。

现场指挥中心：负责生产现场的指挥、协调、监管，保障飞机安全正常运行；负责接收航管和签派部门的飞行信息；负责机场进出港航班信息的通报，机场进出港航班信息的广播、电子显示；监督检查停机坪、停机坪设施设备的技术状况；监督检查航空器、车辆、人员的运行秩序和机具摆放的管理；分配航空器的停放机位和值机柜台；航空器进入停机位的引导服务；航班正常性的监管；协调各保障部门工作关系，处理和裁决现场保障工作和操作工序之间发生的矛盾；监测和收集航空运输生产现场及其他相关预警信息，及时提交安全预警部门；参与站坪、停机坪区域发生的地面事故调查；紧急救援工作的组织与指挥。

（2）与航空安全间接相关的部门。与航空安全间接相关的部门包括组织与人力资源部门、财务部门、物资供应部门等，这些部门在机场的安全生产中起到辅助作用，为各个部门顺利执行安全生产的任务提供了保障，是与航空安全直接相关部门的坚强后盾。它们都有责任负责监测和收集相关预警信息，定期提交相关指标的诊断数据和报告。

三、航空安全预警管理的规范体系

为了保证置入航空安全预警管理系统之后的组织结构能够按设计要求正常运行，必须对航空组织的管理规范进行修改或重新设计。航空组织管理规范是各种管理条例、制度、标准、办法及守则的总称，它用文字规制管理活动内容、程序和方法，是管理人员的行为规范和准则。

（一）航空安全预警管理工作流程

（1）确定预警管理的监测对象。在建立系统的早期，先选择比较容易进行监测的安全管理波动现象作为监测对象，设计一套简单实用的监测评价指标，保证指标的有用性、敏感性和可测性，是监测活动质量的关键。可以通过实证考察和理论分析后，提出一套范围不大的评价标准。通过在管理实践中逐渐积累经验之后，逐步扩大评价指标范围，完善指标体系，使"监测信息处理系统"日渐丰富。要求安全预警部成员及时消化、吸收预警管理原理，掌握监测方法和手段，围绕航空公司预警管理的重要环节开展耐心细致的监测工作，为整个预警系统的管理活动奠定坚实的基础。

（2）制定预警预控的计划。合理周全的预警预控活动计划是实现预警预控管理的前提。应根据航空公司安全管理的实际状况拟定现实可行的计划，包括监测对象的具体步骤、日常监控对策的目的要求、预警预控评价指标的确立、预警分析和预控对策的具体工作标准及信息管理的规范等。

（3）突出预控对策的重点。预控对策是对航空公司内部重大安全管理失误或管理波动的早期征兆进行控制。由于早期征兆的成因比较复杂，故要求安全预警部工作人员抓住这些早期征兆的主要矛盾现象，突出重点地进行对策选择并实施预控手段。要求安全预警部工作人员熟练掌握预警分析的技巧，及时诊断航空安全处于何种状态，避免漏警和误警的可能。

（4）掌握预警分析与预控对策的方法。除了采用现有预警管理理论中的有关分析方法进行预警分析，还应在预警管理理论指导下掌握逆境现象分析方法，如管理波动趋势分析法、失误度分析法和仿真模拟分析法等。

航空公司安全预警管理的工作标准，不仅应包括管理人员自身的基本工作职责，而且应包括同其他部门的协作关系及为基层服务的工作质量要求。安全预警部部长的工作职责可以通过职务说明书及岗位责任制明确，同时要求他与其他成员和相关部门互通信息、通力协作，有效地发挥预警管理的整体效应。此外，在管理工作标准中还要列入完成上级领导临时交办任务的要求，管理工作标准既要有定性的要求，又要有定量的要求。例如，对安全预警部的一般管理人员可提出完成预警报表的数量和时限要求，在工作绩效考核中规定具体的数量考核标准。考核办法一般采用百分制，实行加分或减分的方法，有利于按各项管理要求的重要程度及完成的难易程度汇总，以便对预警管理人员的工作做出全面评价。

（二）航空安全预警管理操作方法

航空安全预警管理系统的操作方法有以下三个方面。

（1）技术管理部、人力资源部、计划财务部、保卫部等职能部门，以及飞行、运行中心、机务、乘务、商务运输等生产部门，定期向安全预警部提交本部门安全管理诊断指标状态报告及预控措施落实情况报告。

（2）安全预警部根据上述报表，以及来自空管、通信、导航、气象、航行情报、机场等方面的监测信息，确定监测指标处于正常、警戒或危机状态，进一步提出预控对策并实施。当诊断指标处于正常状态时，则继续进行监测，不介入预控管理阶段；当诊断指标处于警戒状态时，安全预警部根据具体情况提出预控对策方法，并将此方案提供给决策层，再由决策层下达各职能部门执行，直至系统恢复正常，并将对策方案输入对策库。

（3）当诊断指标进入危机状态值域时，成立危机领导小组，实施危机管理。由危机领导小组提出危机对策方案，并组织人员具体实施。此时的危机领导小组取代企业日常管理中的决策层，全面负责危机状态下的组织管理，直至危机化解，管理恢复正常运转。

（三）航空安全预警管理信息线路

1.飞行实录数据线路

通过飞机的数字式飞行数据记录器把飞行中记录的数据收集起来，进行超限甄别、特殊事件分析和采样统计。首先，可按照标准程序设若干阈值，甄别参数超限的情况并计数，还可根据严重程度打分；其次，将参数严重超限的特殊情况进行事件再现，并研究造成事件的原因和防止事件发生的办法；最后，采样统计，对某些特定飞行参数，不管超限或不超限都进行采集，进行统计处理以发现变化趋势和各参数间的内在相关关系。

对飞行实录数据的综合处理，可以实现对飞机性能、发动机状况和飞行机组操纵的全面反映，并相互作用，相互影响。以往的分头监测，难以弄清一些事件的真正原因，综合监控有望改变这种情况。

2.事件信息线路

把所有事件，包括事故、事故征候和差错和飞行实录数据处理中发现的特殊事件，在深入调查的基础上，按照"事件链"的思路进行分解，然后追根求源，从一线人员一直追到决策管理层，找出系统中存在的每个相关缺陷和改进对策，并把所调查结果存入"事件数据库"中。

对"事件数据库"数据的统计分析，可帮助找出安全状况及其发展趋势。通过历史与现实的对照，还可提醒领导人当前要注意哪些方面的问题及怎样加强航空公司的安全建设。

3.评估信息线路

按照中国民用航空局建立的统一评估方法，如"航空公司安全评估系统""民航机场安全评估系统"及"空中交通服务评估系统"等，经制度化评估所得评分存入数据库，在数据累积后用以分析航空组织的健康状况和发展趋势。

这些数据的累积，不但对当前的安全管理提出了存在的问题，还为以后的安全管理留下了比较的数据，为开展预警预控研究奠定了基础，有利于航空安全管理的发展和改进。

（四）航空安全预警管理数据分析

（1）飞行机组。飞行实录数据可以成为生动的自学材料。飞行机组通过了解参数变化趋势，再现典型的飞行过程，特别是本飞行组的飞行过程，分析操纵的得失及飞行组的协调配合，从而有效地提高飞行员的操作技能和飞行组的工作效能。

（2）航空公司。三类数据的综合分析结果，可判断航空公司的安全形势和发展趋势。可帮助发现公司的不足之处，决定安全投入的方向和力度。对飞行组的操纵和飞机发动机的状态实现持续监控，还可帮助改进飞行员的训练工作，提高机务工作的效能。

航空安全预警管理模式是基于现有民航安全技术和航空安全管理体系而提出的，是航空公司、机场、空中交通管制安全评估系统的补充、修正和强化。

四、航空安全预警管理的监控体系

（一）航空安全预警管理的行业监控体系

在民航地区管理局成立航空安全预警中心，负责组织航空交通灾害预警管理系统的开发和管理，与航空公司、机场和空管机构的局域网联网，形成航空安全预警管理监控网络。

航空公司、机场和空管机构的航空安全预警管理子系统独立工作，同时互相联网，共享信息。中国民用航空局、国家安全局、公安部、空军等单位，经民航地区管理局及航空企业授权，可通过防火墙，采用Internet浏览器对航空安全预警管理系统进行访问。

（二）航空安全预警管理的企业监控体系

以航空公司为例，航空公司三级预警管理监控网络包括三级监控。

一级预警监控（决策层）：对管理层、行为导因层和行为层直接监控或逐级监控。

二级预警监控（管理层）：接受安全委员会监控和对各生产及辅助部门实施运行预警监控。

三级预警监控（行为导因层和行为层）：接受管理层或决策层监控，对一线及岗位直接监控。

三级安全预警网络在传统安全监控体制的基础上，将"安全关口"前移到"保证运行质量"，对运行质量实行严格监控。着眼于预防，而不是仅仅被动应付事故，并为预警管理获得客观数据基础提供条件。

事实上，如果航空公司运行各个环节，即机务、签派、飞行、空管等部门都高标准地保证工作质量，航空公司安全生产也就有了保障，对航空安全的管理从被动应付事故转向主动预警预控。

第四节　航空安全的危机应急救援

"航空应急救援是应对然灾害和各类紧急事件最为常用的应急措施，航空应急救援能力是一个国家社会公共服务水平的体现，关系国计民生、民众安危和公共安全。"[1]

一、航空危机的紧急应急救援组织

（一）机场应急救援领导小组

每个机场都应成立以地方政府为领导的应急领导小组，并设立机场应急救援指挥中心，作为其常设的办事机构。

机场应急救援领导小组是机场应急救援工作的最高决策机构。一般由当地人民政府、民航地区管理机构或其派出机构、机场管理机构、空中交通管制部门、有关航空公司、地方公安、消防、医疗、海上救援组织等其他单位共同组成。负责对机场紧急救援工作的总体指导和紧急情况发生时的统一协调指挥。

（二）民航上级主管单位

---

[1] 李航.我国航空应急救援现状及发展策略[J].科技创新与应用，2019（06）：135.

民航上级主管单位主要负责对机场应急救援工作的检查和指导，审核机场应急救援预案制定的完整性和有效性，监督机场应急救援工作的开展情况等。

（三）应急救援指挥中心

机场应急救援指挥中心，作为机场应急救援领导小组的日常办事机构，负责日常应急救援工作的组织和协调，根据机场应急救援领导小组的授权，负责组织实施机场应急救援工作。指挥中心对机场应急救援领导小组负责，并报告工作开展情况。

机场应急救援指挥中心的主要职能：

（1）组织制订和修改所在机场的应急救援计划。

（2）指挥、协调和调动参加应急救援单位，就已经发生的应急救援发布指令。

（3）定期检查各有关单位的应急救援预案和措施的落实情况，并按规则的要求组织应急救援演练。

（4）负责参与应急救援单位的应急救援通信联络方式的修订工作。

（5）定期检查应急救援设施器材的登记编号、储存保管、维护、保养等工作情况，保证应急救援设施完好。

（6）组织残损航空器的搬移工作。

（7）制定应急救援项目检查单。

（四）总指挥及现场指挥官

总指挥由机场管理机构最高领导或其授权的人担任，全面负责机场应急救援的指挥工作。由于总指挥只是一个固定的负责应急救援的最高领导，他不可能每天都在机场值班，因此，建立机场值班领导制度（即通常所说的每日机场"1号"领导），紧急情况发生时，这一值班领导被赋"现场指挥官"的责任，总指挥到场前，现场指挥官是紧急救援的最高指挥官。为了易于辨认和区分，最好的办法是让其戴上国际通用的橙色头盔，穿上醒目的橙色外衣，如背心或制服，并在外衣前后写上"总指挥"或"现场指挥官"的反光性字样。

（五）空中交通管制部门

紧急情况发生后，空中交通管制部门的主要责任有：将获知的紧急事件情况按照应急救援计划规定的程序报告有关部门；及时了解机长意图和紧急事件的发展情况，并报告机场应急救援指挥中心；负责发布有关因紧急事件影响机场正常运行的航行通告；及时提供紧急事件所需要的气象情报，并通知有关部门。

（六）消防部门

（1）机场救援及消防人员的首要职责是扑灭火灾和援救生命。

（2）有一些飞机失事可能不发生火灾或火灾可被迅速扑灭。无论是哪种情况，救援组织应使失事幸存者能够迅速得以撤离。

（3）机场救援及消防人员必须接受医疗救助训练以达到在当地可被接受的应急医疗标准。在紧随失事之后的关键时期，甚至于在更长的时间内，他们可能是失事现场唯一的救援人员。如果在机场内有其他具有医疗专业资格的应急人员，则所需的机场救援及消防人员可以减少。

（4）只有穿有保护性消防服的消防及救援人员以及经批准的消防设备可被允许接近飞机失事地点。

（5）为了易于辨认和区分，消防指挥官应佩戴红色的头盔，并穿着醒目的红色外衣，例如背心或制服，并在外衣前后都带有反光性的"消防指挥官"字样。

（七）公安或保安服务部门

（1）在机场遇到紧急情况时，要求到达现场的公安或保安人员，对现场进行保护并在需要时提出增加警卫力量的要求。公安或保安部门指挥官应坚守职责直到紧急情况解除或更高级别的指挥官到场为止。公安应急计划应包括在任何需要的地方在政府的控制下由地方警察、军队或其他单位来增加安全封锁线的种种安排。

（2）为应急车辆提供畅通无阻的进出道路。保安服务部门、公安部门或其他地方当局相关部门应确保仅允许执行特殊任务的人员在失事地点活动，应将正常的交通疏导远离或绕开失事地点。

（3）控制好聚集在失事现场的人群。考虑到调查工作的需要，应该对整个区域做好保护，以使其尽可能不受干扰。

（4）所有可能参加救援工作的公安部门，如机场公安、地方公安，甚至某些适当场合，包括武警及海关官员等在内，部门之间应制订互助计划。

（5）在公安检查点应建立一个易于应急人员辨识的标志，以确保这些人员可以迅速进入失事现场。机场当局可预先向应急人员分发"紧急进入"标志以备紧急情况中使用。

（6）在一些情况下，互助消防部门的车辆或救护车等要直接开入失事或事故现场是不大可能或不切实际的。所以应急计划应包括在一个或多个指定会合点会合的各个步骤，这是至关重要的，会合点也可作为各应急单位在失事现场需要他们待命的集结场所，这样有利于消除交通堵塞和混乱。管理会合点的人员也应考虑车辆在失事现场不熟悉的情况，并应避免损坏的车辆阻塞进入现场的道路。在分配任务之前，对这些车辆进行集结可以避免失事现场的交通阻塞及混乱。

（7）"公安指挥官"应穿戴容易被其他救援人员辨认的醒目的蓝色外衣，如背心或制服，戴蓝色头盔，并在外衣前后标有"公安指挥官"的反光性字样。

（八）医疗服务部门

（1）医疗服务的目的是提供伤员鉴别、分类、救援及医护。主要包括：①通过安置及稳定最重伤员来尽可能多地抢救生命；②安慰受伤较轻的伤员并实施急救；③把伤亡人员转移到适合的医疗机构。

（2）所提供的各种医疗服务，如伤员鉴别分类、稳定、急救、医护及运送等都应尽可能迅速地进行。为此，应组织良好的医疗资源（人员、设备及医疗用品），在最短的时间内提供给失事现场。应急计划中的医疗部分应与当地的社区应急计划紧密结合。

（3）"医疗指挥官"应穿戴带有明显反光标志的白色外衣，如背心或制服，戴有白色头盔，并在外衣前后标上"医疗指挥官"的反光性字样。医疗指挥官及其助手的职责包括：①向医疗机构及医疗人员发出应急警报；②指导将伤员运送到能对具体伤情提供救治的合适的医院；③通过记录运输途径、目的医院、伤亡人员的姓名及受伤程度来掌握伤亡人员数目；④当伤员已在运送途中时，通知医院；⑤与医院、救护车、现场指挥官及救援指挥中心保持联系。

（4）医疗和救护车服务是机场各项服务中一个不可分割的部门，当机场没有医疗及急救服务部门时，应预先与当地的医疗机构制定互助协议。保证紧急情况下能够迅速应急，同时应急计划应包括把医疗服务资源通过陆、海、空运输到现场的安排，还应包括随后运送哪些需要立即医护的人员安排。为了确保在所有的机场应急中具有医疗人员，必须进行事先安排，救援计划应登记足够数量的医生，以备所需。

（九）机场公司（当局）

在我国现行体制下，绝大部分机场公司（或机场当局）承担着机场应急救援的主要保障任务，绝大部分的应急救援器材也由机场公司配备，制订并完善应急救援计划、培训应急救援人员、制定演练程序等。其主要职责包括：①负责应急计划的制订、颁布及执行，并制定相应人员负责紧急情况的指挥；②负责各救援单位及人员通信联络方式的时常更新并分发给有关单位；③负责对紧急情况做出应答的各个单位之间的相互协调；④由各单位领导组成的机场应急计划协调委员会，应由机场牵头定期举行必要的会议，以便在计划得到实践或完成之后对其加以评价；⑤在必要的时候负责关闭机场或其中一部分。只有在机场的活动区域受到安全保卫，并且飞机运行不干扰救援活动时，救援和运行才能同时进行。

机场公司下设的主要应急机构包括以下六个部门：

（1）场道服务部门。主要职责：负责机场日常应急救援物质设备的准备和维护工作，根据机场应急救援工作的需求，提出机场应急救援设备和更新需求，保证应急救援设备的供应和使用；对于机场暂时没有配备的应急救援设备，场务部应和其他民用机场、地方单位建立临时租赁协议，保证应急救援时的需求；负责紧急救援的电源需求和场外照明；负责修复跑道灯光与场道；负责现场铺路架桥，现场的排水及救援后场的恢复；负责搬移残损航空器所需设备的准备工作。

（2）旅客服务部门。主要职责：与发生不正常情况的航班起飞机场取得联系（本场起飞的除外）。索取该航班的有关数据，包括旅客人数、交运行李数量、旅客姓名、性别、国籍、工作单位、通信方式等，并在第一时间报告救援指挥中心；负责事故现场生还旅客的疏散、食宿安排及旅客情况的登记及行李、物品清点工作。

（3）机场服务部门。主要职责：根据各型飞机性能布局指导并协助消防人员进行航空器救护工作；开展救援后航空器残骸搬移、航空器拖离现场、航空器抢修等工作。

（4）机坪服务部门。主要职责：负责航空器上、下行李和货物的搬运、清理、收集、登记、保管工作；负责机坪上特种车的使用保障。

（5）信息发布部门。主要职责：紧急情况发生后，任何有关紧急情况的对外新闻信息发布必须经中国民用航空局批准，并由专门的部门统一对外发布；负责协调组织新闻记者进入救援现场采访，但必须经救援指挥中心请示总指挥批准后方可进入指定区域，不得妨碍救援工作的进行，并遵守航空器紧急事件信息发布的有关规定；建议要求电视台及无线电台新闻媒体在至少15分钟内不公布失事信息。这一时间的延迟使得有关部门有足够的时间在失事位置四周设置充分的安全保卫，并且也有足够的时间在参与应急的医疗部门和其他服务部门进行失事现场的道路上设置路障。

（6）机场其他部门。紧急情况发生后，机场所有单位都有责任立即赶赴现场，听候现场总指挥的调遣，统一行动。

（十）航空公司

航空公司的责任包括提供机上乘客数、燃油量及可能存在的任何危险品等信息。这些信息对现场指挥官而言是至关重要的，并将影响用于应付紧急情况的战略战术。航空公司还应对要继续旅程、需要住宿或其他帮助的未受伤乘客做出妥善安排。另外，航空公司代表应负责与死亡乘客的最近的亲属取得联系。通常警察或国际救援机构（红十字会等）将协助完成这一工作。

涉及失事飞机上的所有货物、邮件及包裹的处理由航空公司负责。只有紧急情况已解除而且事故调查人员已完成调查工作之后，才可以在现场指挥官的许可之下卸下机上各种物品。

（十一）地方政府

为了避免参与救援者的冲突和混乱，应急救援计划应明确规定政府部门的义务及管理范围。失事后的调查，海关及邮政事宜，均应由地方司法部门负责。

（十二）驻场单位

驻场单位及其雇员被认为是在紧急救援中随时可用的最基本的设备和人力资源。重要的是应在监督之下为这些人员布置特定的任务以避免工作的重复或对其他应急操作造成混乱。为了这些人员的人身安全，在紧急情况得到控制之前应对他们的使用加以限制。在应急过程中，懂得急救知识的雇员应身穿合适的背心作为识别的标志。

（十三）机场协议互助机构

有时机场紧急情况的规模仅靠机场的消防部门、保安部门、公安部门及医疗服务部门是不足以应对的。因此建议拟定书面的互助方案，以确保来自社区的充足的救援力量，以及消防部门、保安部门、执法部门及医疗服务部门的迅速响应。这种互助协议通常都是由机场当局以及涉及的有关机构来协调，并且由机场当局来完成的。所有的互助协议都应每年复查或修订一次，联系电话和人员则应每月复查并更新一次。

（十四）海上救援组织

海上救援组织对于临近水域的机场是至关重要的。在需要时，应把此类服务的协调计划纳入机场应急计划之中。为了确保此类服务可以迅速获得，应急计划中关键的部分就是应该保持通信网络的畅通。

上述救援机构的设置是根据救援工作的需求而列出的，对于需要建立应急救援网络的机场具有普遍性。但是，每个机场都应根据自身的情况，设置符合实际的、可操作性强的应急救援机构，确保紧急情况时救援工作能够迅速、及时开展。

二、航空危机的紧急应急救援程序

有了组织机构和设备的支持，接下来的工作就是不断完善救援计划。计划的制订要符合实际的需求，要把所有可能发生的问题想在前头。制订救援计划，最关键的一点就是确定"谁来做，怎样做"的问题，要事先制定好紧急应急救援程序，才能保证紧急情况发生时，按部就班地开展工作。

（一）航空危机紧急情况类型及应急救援等级

1.紧急情况的类型

（1）涉及飞机的紧急情况。

①失事——机场内飞机。

②失事——机场外飞机，包括发生在陆地和水域。

③事故——飞行中飞机，起因包括严重的空气湍流、减压或结构故障等。

④事故——地面上飞机。

（2）不涉及飞机的紧急情况。

①火灾——建筑物。

②破坏活动，包括炸弹威胁。

③自然灾难。

④危险物品。

⑤医疗紧急情况。

（3）综合性紧急情况。

①飞机/建筑物。

②飞机/加油设备。

③飞机/飞机。

2.紧急情况的应急救援等级

紧急情况的应急救援等级一般划分为三级：

（1）飞机失事：发生在机场内或机场临近地区的飞机失事。

（2）全面应急：正在朝机场进近的飞机正处于或被怀疑正处于麻烦之中，有立即发生失事的危险。

（3）原地待命：正向机场进近的飞机被获悉或被怀疑已发生一些损坏，但这些损坏并不至于给安全降落带来很大困难。

（二）航空危机紧急情况的应对程序

1.机场内飞机失事应对程序

机场内发生了飞机失事，应立即实施应急计划。在此类紧急情况中，救援单位可按以下方法开展行动。

（1）空中交通管制部门的行动。

①使用内部通信系统向救援指挥中心发出警报。

②通知救援指挥中心失事发生位置、网格地图参照位置及其他关键的细节，包括失事时间及飞机类型。随后的通知应增加机上乘客人数、机上燃油量、有关航空公司及机上任何危险品等方面的细节。

③关闭受影响的跑道。

④立即发表下述的"航行通告"（NOTAM）："在（时间）之前或在进一步通知之前，无法提供机场救援及消防服务，所有设备都已交付飞机失事使用。"

⑤列写清单，核实行动已完成，指明发布时间及完成行动的人员姓名。

（2）救援指挥中心的行动。

①拉响紧急应急救援警报，立即通知机场消防、急救、公安等部门到场展开救援。

②通知现场指挥官到场指挥。

③成立现场指挥所，标出明显的识别标志。

④通知总指挥到场。

⑤通知机场公司所属的部门或驻场单位（如场道维护部门、机务服务部门、旅客服务部门、机坪服务部门等）到场增援。

⑥如有需要，通知社会互助消防、急救、公安等单位到场增援。

⑦通报地方政府、民航地区管理机构及中国民用航空局。

⑧通知事项：航空公司名称、航班号、飞机号、机型、失事情况、失事地点、救援指令，对上级单位加报事件发生、发展、处置情况等。

（3）消防部门的行动。

①接到救援指挥中心的救援指令后，消防部门应立即采取行动：通过最快的路径抵达飞机失事地点；在去往失事地点的途中，如有需要，通知社区消防力量到场增援，通知内容会有会合点、集结点、人力及设备其他相关信息；立即建立一座易于辨认的消防指挥所。这一指挥所是临时性的，直到机场当局的现场指挥所建立并开始运转为止。

②消防指挥官通常是机场消防队的最高领导，由于航空消防救援的高度专业性，机场总指挥应赋予消防指挥官现场消防救援工作的最高指挥权。

③社区消防增援力量到达机场后，应听从消防指挥官的统一指挥。

（4）公安/保安部门的行动。

①与现场指挥官相互协调的第一个到达现场的公安人员将承担保卫的责任，在进出道路上为应急车辆迅速开辟无障碍交通通道，并在需要时提出增援。指挥官将一直负责保安工作的指挥直到更高级别的公安指挥官到场后移交指挥权。

②公安人员应开辟一条通向伤员鉴别分类区的救护车通道，以便这些车辆可以有秩序地驶入救护区域、装载及离开。这一通道应能使急救车辆连续不受阻碍地行驶。

③公安人员应允许经过许可的应急人员入内；禁止未经许可的人员进入失事现场，并确保对从飞机中救出的受影响人员的监护。

④应把正常的交通疏导离开或绕过失事现场。

⑤紧急情况现场应该尽快加以封锁，不让外部闯入者、新闻记者、观光者、旁观者及纪念品搜索者进入。应非常明确地设置一些合适的标记以劝告所有人员有可能发生的危险。

⑥应尽可能地在安全检查点与现场指挥所实现通信联系。

⑦机场当局应事先制作具有标识作用的袖标由公安人员发放给进入现场的救援人员。

⑧应为飞机数据及驾驶舱声音记录仪提供特殊的保护。应采取另外的保护措施来保护涉及的邮件，保证有可能存在的危险品的安全，或保护各种人员不受到放射性物质的伤害。

（5）机场当局的行动。

①机场当局应到达失事现场并在需要时建立一个容易识别的移动现场指挥所。现场指挥所指挥人员应由足够数量的高级代表组成，这些代表能够对机场运作、安全运作、医疗运作、飞机运作及飞机修复运作做出决定。

②机场当局应检查行动清单以确保：机场应急救援指挥中心已投入工作；公安保卫步骤已经启动，第二轮通知已经完成；消防队已接到通知并已到达失事现场及指定的集结区域；医疗及救护车服务部门已得到警报，也确认他们已到达指定的会合地点或集结区域；受影响飞机的航空公司代表已被通知并已获得关于飞机上危险品（如爆炸物、压缩或液化气体、可燃液体或固体、氧化剂、毒品、传染物、放射性物质及腐蚀性物质）的信息，而且这些信息已传达给适当的救援者；已关闭机场区域，指定紧急应急通道，发布广播劝告及向空中交通管制部门提出发布机场救援及消防力量被削弱的航行通告；已通知政府的事故调查机构；已通知气象部门做出特殊的气象观察；已安排对受到影响的跑道立即进行勘测、摄影以确定坠机残骸的位置；已安排对飞机残骸的安全保卫直到调查机构允许开放为止；如果有空中限制协调部门（空中交通流量管理部门），则已建议他们减少机场的流量；如果有死亡者，则已通知法医并指定了临时的陈尸设施。

③在与公安部门的配合中，机场当局应做到：为在围界内及围界外的人员指定会合点及集结区域；向集结区域或会合点派遣安全人员以护送救援车辆，从而保证应急车辆，特别是救护车，能够有序地进出失事现场；指定护送车辆及救护车的集结区域以确保对其进行迅速分派。

④在与现场指挥的消防指挥官商讨之后，应对互助救援人员的行动进行协调，指导其行动以使他们发挥最大的作用。

⑤机场当局还应根据需要提供以下服务：医疗服务部门使用的便携式应急帐篷；厕所；饮用水；绳索、栅栏等；食品供应；便携式加热系统；移动式或便携式照明装置；锥形标记物、定位桩及标牌；机械；重型设备、开采工具；液压开

采工具及支撑材料；通信设备，如扩音器、手提电话等。

⑥机场当局应为机场公共信息机构提供最初的概括，然后与涉及失事的航空公司代表的公共信息工作人员进行协调，在合适时，机场当局应为媒体提供消息发布会声明。

⑦经过总指挥、现场指挥官、消防指挥官、公安指挥官、医疗指挥官等人员的一致同意，机场当局现场指挥员应将机场应急工作的结束通知所有参加互助救援组织。

（6）医疗服务部门的行动。

①医疗指挥官应负责监督医疗服务部门的救援工作。

②证实互助医疗和救护部门已得到通知并随后到达会合地点或集结区域。

③组织所需要采取的各项活动，进行伤员鉴别分类及对伤亡人员进行处理，以及随后用适当的交通工具将他们运离现场。

④控制伤亡人员的流动，与交通运输人员一起确保用任何一种可以得到的运输工具将伤亡人员派送到合适的医院。

⑤记录一份准确的伤亡人员名单，包括他们的姓名和最终被送往的地点。

⑥与有关的航空公司进行协调将未受伤的人员转移到指定的滞留区域。

⑦对非卧床及未受伤的幸存者进行伤情医疗评估。

⑧如果需要，安排医疗物资的补给。

⑨与公安人员一起组织停放死亡者的设施。

（7）社区医院的行动。指定一位医院协调员负责以下事宜：

①在得到应急失事的通知之后，迅速派出精于外伤医护的医生及医疗队到达失事现场。

②当受伤人员到达医疗区域后，对他们进行医疗救护。

③确保在紧急情况下，可以得到足够的医生、护士、手术室、特护部门、外科队伍、血液及输血设备。

（8）航空公司代表的行动。

①立即到场配合现场指挥所的救援行动。

②提供有关旅客数量、飞机机组成员的基本情况及有可能存在的危险品和其位置的信息。有关危险品的信息应尽快分级上报给消防指挥官和医疗指挥官。

③安排将未受伤者从失事现场运送到指定的未受伤人员停留地点。从现场运

送可行走的受伤人员须得到医疗指挥官的同意之后才可行动。

④立即抵达指定的未受伤者停留区域。在未受伤者停留区域应指派合格的接待员，做好登记及福利协调事宜。

⑤在未受伤者停留区域，应安排旅客所需的医疗服务、食品供应、衣物、电话设施等事宜。

⑥接待员应迎接来自失事现场的运输车辆，并把旅客引导到登记台进行登记。接待员了解卫生间在何处。在每位被送到停留区人员均已根据机场计划被验定并登记之前，应防止人员离开停留区域。

⑦登记人员将在清单中记录旅客姓名和即将做出的安排，即旅馆住宿、空中交通或其他的交通方式。工作人员应列出一张有关旅客的身体及精神状态和所有人员的清单，然后工作人员将给乘客戴上区别标签或粘贴纸。完成注册登记之后，工作人员应引导旅客至福利协调员处。

⑧福利协调员及受过压力处理训练的精神健康专家应负责：对旅客及机组成员的家属及亲友给予支持和安抚；对于在机场已获取机上人员信息的家属及亲友进行登记；对可行走的受伤人员、未受伤的幸存者提供护理、安慰和帮助。

⑨应向有关机构发布飞机失事的通知，包括健康及福利机构、海关、移民局、邮局及环保机构。

⑩应有一位航空公司的高级官员负责与乘客家属及亲友的沟通。

⑪应与机场公共信息机构工作人员及涉及失事的其他单位的联络工作人员一起协调拟定新闻的发布内容。

⑫应负责移开失事或损坏的飞机（必要时可请机场当局协助）；但这必须得到事故调查机构的批准。

（9）地方政府、民航上级主管单位的行动。地方政府机关需要协助有关机构按照他们的应急计划采取适当的行动，包括政府事故调查人员、健康及福利机构、邮政局、海关、移民局、交通管理机构、军队以及环保部门。

（10）公共信息发布机构的行动。

①所有新闻记者将被引导至指定的新闻记者集结处，这一集结地是供被批准对整个机场紧急情况进行新闻报道记者停留使用的，在集结区应提供简报、通信设备及通往现场的运输服务。

②只允许佩戴有效证件的新闻记者、非武装的报道员及摄影师进入指定的新

闻记者停留区，或被运送到失事现场。

③有关飞机紧急情况的新闻发布的责任人为由机场当局指定的公共信息员及有关航空公司的代表。

④在全部救援工作完成之前，绝对不允许不参与抢救及消防工作的新闻记者或其他人员进入安全线以内，安全线的确定应考虑到新闻媒介关注的范围及救援工作的许可。

2.机场外飞机失事应对程序

当飞机失事发生在机场外时，应立即执行机场应急计划及互助合作应急协议。对于此种类的紧急情况，应急单位应立即采取行动。

（1）初始的通知。机场外的飞机失事通常是由目击者或空中交通管制部门最先通知地方公安部门、消防队或机场有关部门，机场接到报警后应立即通知机场应急救援指挥中心。

（2）空中交通服务部门的行动。

①如果首先得到通知，应立即使用内部通信系统向救援指挥中心发出警报。

②通知救援指挥中心失事发生位置、网络地图参照位置及其他关键的细节，包括失事时间及飞机类型。随后的通告应包括：机上乘客人数，机上燃油量，航空公司及机上任何危险品等方面的细节。

③立即发布"航行通告"（NOTAM）。

④列写清单核实上述行动已被完成，指明发布时间及完成行动的人员姓名。

（3）救援指挥中心的行动。

①立即通知机场消防、急救、公安等部门到场展开救援。

②通知现场指挥官到场指挥。

③成立现场指挥所，应有明显的识别标志。

④通知总指挥到场。

⑤通知机场公司所属的部门或驻场单位到场增援。

⑥通知社会互助消防、急救、公安等单位到场增援。

⑦通报地方政府、民航地区管理机构、中国民用航空局。

⑧通知海上救援组织（如果飞机在海上失事）立即展开海上救援。

⑨通知事项：航空公司名称、航班号、飞机号、机型、失事情况、失事地点、救援指令，对上级单位加报事件发生、发展、处置情况等。

（4）机场消防部门的行动。

①由空中交通管制部门、机场救援指挥中心、地方公安部门或地方消防队通知获悉发生在机场外的飞机失事，根据已有互助消防服务协议，派出指定的车辆。

②与负责进出失事地点道路的公安部门协调，通过最合理的路径抵达机场外失事现场；与互助消防队协调，并在路途中与所在社区的消防部门交流有关信息。

③机场消防指挥官将向所在社区的消防部门的高级消防指挥官汇报并征求其意见。

④机场救援及消防部门、负责指挥的当地消防部门以及具有用于飞机或建筑物灭火的最好装备的互助消防部门之间应率先达成协议。此外，应确定当失事包括飞机也包括建筑设施时，由哪个部门来负责指挥工作。

（5）公安部门采取的行动。

①最先到达的公安部门指挥官应立即担负起安全的任务，打通进出口处的交通道路以备应急车辆通过。在需要的时候，提出增援的要求。公安部门指挥官应坚守岗位，指挥安全保卫直至更高级别的指挥官到场移交指挥权后方可撤出。

②疏导交通并负责现场的安全保卫工作，应把失事位置及可以采用的进出方式通知救援指挥中心。在与现场指挥员协商之后，采取交通控制措施，以对应急车辆有所帮助。

③在失事现场附近疏导交通，以避免失事现场附近散落的物品造成的交通混乱。

④应尽快加以封锁应急现场，以防闯入者、记者、观光者的进入。应迅速绘制出适当标志，告诉所有人如果进入失事现场可能会遇到的危险及严重伤害。为避免引燃燃料气体，在距失事现场约100米范围内不得使用明火。

⑤安全检查处、现场指挥所、救援指挥中心之间应迅速进行通信联络。

⑥应尽可能快地通知其他部门。

⑦管理部门应颁发代表身份的袖章、失事点通行证或身份证明，由公安人员监督检查。

⑥需采取特殊的安全措施来保护飞行数据和驾驶舱声音记录仪、保护邮件,做好可能存在的危险品的安全保护,在需要时应对人员进行保护以免受到放射性物质的辐射。

(6)机场当局的行动。应事先与机场附近区域的有关单位达成应急互助协议,以便在紧急情况发生时,机场当局能够采取有关行动。

①互助单位能够迅速到达失事现场。

②促使救援指挥中心及现场指挥所开始运转。

③通知有关的航空公司代表。

④通知其他部门。

⑤提供医疗设备及人员。

(7)机场医疗部门采取的行动。

①机场外飞机失事通常由地方政府负责组织医疗应急。然而机场内医疗部门对机场外发生的有大量伤亡失事进行应急也是可行的。

②根据与周围地区达成的互助应急协议,若有必要或可行,机场医疗机构可提供部分医疗设备、物资,并向失事现场急救人员提供协助。

(8)社区医院采取的行动。

①在紧急情况时,应确保有足够的医生、护士、手术室、特别护理及外科医生可供安排使用。

②为抵达的受伤人员提供医疗护理。

(9)航空公司采取的行动。

①航空公司代表应立即到场配合现场指挥所的救援行动。

②提供有关旅客数量、飞机机组成员的基本情况及有可能存在的危险品和其位置的信息。有关危险品的信息应尽快分级上报给消防指挥官和医疗指挥官。

③安排将未受伤旅客从失事现场运送到指定的未受伤人员停留地点。

④立即抵达指定的未受伤旅客停留区域。在未受伤旅客停留区域应指派合格的接待员,做好登记及福利协调事宜。

⑤安排旅客所需的医疗服务、食品供应、衣物、电话设施等事宜。

⑥接待员迎接来自失事现场的运输车辆,并把旅客引导到登记台进行登记。在每位被运送到停留区的人员均已根据机场计划被验定并登记之前,应防止人员离开停留区域。

⑦登记人员将在清单中记录旅客姓名及即将做出的安排，完成注册登记之后，应引导旅客至福利协调员处。

⑧福利协调员及受过压力处理训练的精神健康专家应对旅客及机组成员的家属或亲友给以支持和安抚；对于在机场已获取机上人员信息的家属及亲属进行登记；对可行走的受伤旅客提供医疗护理，给未受伤的幸存者安慰及对应急人员给予帮助。

⑨航空公司代表应把飞机失事信息通报给相关机构。

⑩应有一航空公司的高级官员负责与家属及亲友沟通。

⑪航空公司代表应与机场公共信息机构工作人员及涉及失事的其他单位的联络工作人员一起协调拟订新闻的发布内容。

⑫负责移开失事或损坏的飞机，但这必须得到事故调查机构的批准。

⑬地方政府、民航上级主管单位的行动。地方政府机关、民航上级主管单位需要协调有关机构按照应急计划采取适当的行动。

（10）公共信息发布机构的行动。

①以下人员对机场外紧急情况的新闻发布负有责任：航空公司代表，由负责指挥的政府当局指定的公共信息发言人，由机场当局指定的公共信息发言人。

②只允许佩戴有效通行证的新闻记者、非武装的报道员及摄影记者进入情况介绍地区，或指定的新闻媒介集结区，或被送到应急现场。

③在任何情况下都不允许不参与消防、救援或紧急医疗救护的其他人员进入安全线以内，直至所有救援工作都已完成，现场指挥官或消防指挥官确认可安全进出现场为止。

3.全面应急程序

在飞机向机场方向进近，并已知遇到困难，有可能或怀疑有可能发生失事之时，参加应急行动的各部门都应警惕起来，进入"全面应急"状态。

（1）空中交通管制部门的行动。通知机场救援指挥中心及消防部门迅速抵达跑道的等待位置准备，并尽可能提供细节信息：①飞机机型；②机上燃油；③乘客人数，包括特殊乘客——残疾人、婴幼儿等；④困难的特性；⑤使用跑道；⑥预计降落时间；⑦所属航空公司；⑧任何机上危险品，包括数量及位置。

（2）其他部门的行动。如果发生机场内的飞机失事，按照机场内飞机失事应对程序展开救援。

4.就地预备程序

在飞机向机场方向进近，并已知或预测会发生故障，而这一故障通常不会给安全降落带来很大困难的情况下，参加应急行动的各部门都应警惕起来，进入"就地预备"状态。

（1）空中交通管制部门的行动。通知机场救援指挥中心及消防部门按照飞行机组的要求做好准备，或在预先确定的能够直抵跑道的位置上按照应急救援计划的要求进入预备状态，尽可能多地提供细节信息（与"全面应急"状态所需细节信息相同）。

（2）其他部门的行动。如果发生机场内的飞机失事，应按照机场内飞机失事应对程序展开救援。

第四章　飞行员职业素质训练

飞行员从事的飞行工作，是一项十分复杂的脑力和体力活动，具有特殊性。航空事业的飞速发展，对飞行员职业素质的要求越来越高。提高飞行员的职业素质，无疑会提高飞行安全率。本章重点研究飞行员素质对飞行安全的影响、飞行员身体素质与训练提升、飞行员心理选拔与训练提升和飞行员职业培养模式的提升路径。

第一节　飞行员素质对飞行安全的影响

"一名合格的飞行员应高度重视自身飞行素质的提高，定期进行身体素质和心理素质检查和考核，不断加强自身文化素质以及专业知识技能的学习和实践，同时重视对非智力因素的改善。飞行人员只有不断提高自身素质，才能保证在浩渺的航空世界中游刃有余"。[1]飞行员的健康状况、文化素质、专业知识技能、技术处置能力、非智力因素等对飞行安全有重要影响。

一、飞行员的健康状况

中国民航法规要求飞行员要定期进行体检，执行飞行任务的飞行员身体状况必须符合飞行要求，这也是对飞行员持续适航的要求之一。在飞行员不健康或亚健康状态下，人体机能状态会降低，出现差错的可能性随即也会增大。

引起飞行疲劳的因素有很多，但最主要的还是睡眠的缺失和昼夜生物节律的紊乱，这是影响飞行安全的重要因素。当执行国际航班的机组人员当跨时区飞行时，必须被动地应对迅速的时区变换。执行夜间飞行任务的飞行员被打破了原有的睡眠习惯，将导致人体"生物钟"时间与外部环境时间不同步，引起睡眠节律紊乱和睡眠缺失。飞行疲劳还表现为心理疲劳。心理疲劳是因过度的脑力劳动

---

[1] 陈曦.飞行员素质与飞行安全的探讨[J].科技展望，2016，26（32）：298.

和情绪变化等心理因素所引起的心理能量耗竭和工作能力下降的现象。这时，飞行员产生生理性注意力分散和判断力下降，导致不能正常发挥飞行技能。驾驶舱注意力分散是驾驶舱处境意识降低的一个重要原因和主要表现，严重影响飞行安全。

飞行员身体健康也可能受复杂特殊的飞行环境和工作环境带来的影响，妨碍飞行安全。

二、飞行员的文化素质、专业知识技能

飞行员一般通过在专业学校学习获得基础科学和航空专业知识，并受到飞行技能的初步培训。进入飞行员队伍后，通过飞行实践及各种层次专业培训，航空专业知识、技能得到纵向垂直迁移提升和横向水平迁移扩展。这是一个从实践到认识、再由认识到实践反复循环得以提高和完善的过程。扎实的航空理论知识和飞行技能是机组判断和决策的基础，是树立驾驶舱处境意识的重要前提。航空专业理论知识扎实、操作经验丰富和飞行技能优秀的飞行人员，能前瞻性地全面正确地分析问题，能及时准确地发现问题，能对问题的发展和风险作出正确判断和评估，能作出解决实际问题的正确决策。

飞行员需要提高综合文化素质。文化素质指的是一个人的知识、才能和修养所构成的文化造诣或素养的一般体现，主要包括：语言修养、科学修养、艺术修养和哲学修养。文化素质越高的飞行员，应变能力越高、心理素质越好、亲和能力越强，飞行中处境意识越高，能更好地做到安全飞行。

三、飞行员的技术处置能力

娴熟的飞行技能是一个成熟的飞行员，特别是机长必备的条件之一。飞行技能是指顺利完成飞行任务时所表现出来的，大脑思维和身体完美结合的动作输出，从而去完成操作控制飞机的本领。

飞行员的职业思维能力主要体现在飞行活动中，表现为能利用已有的知识、经验，并针对特定的情境以及其他各种情况，去准确迅速地进行分析、综合比较、分类推理和判断决策。

飞行动作技能主要包括：①动作反应时间，即飞行中从飞行员感知到刺激至完成动作的反应时距；②动作的准确性，即动作的形式、速度、力量三要素的恰当结合。

飞行员动作反应速度是飞行职业必备的品质之一，它对保障飞行安全具有特殊意义，尤其在起飞、着陆阶段和特情处理中具有重要作用。

四、飞行员的非智力因素

智力因素与非智力因素是人全面发展的两大重要因素。智力指的是人认识、理解客观事物并运用知识、经验等解决问题的能力，它包括记忆力、观察力、思维力、注意力和想象力等方面。非智力因素主要有心理学意义上的动机、兴趣、意志、情感、性格，社会学意义上的理想、信念、精神、情操、人格，教育学方面的思想观念、道德等。

飞行员非智力因素不高主要表现为：飞行安全只停留在理论和口头上，实际飞行中不按规程操作，明知故犯，有意违章；飞行时不能专心致志，注意力易分散；性格过于内向，不善交流；性格急躁，处事不稳；做事不认真、不踏实、心态浮躁；学习兴趣、动力不足；无远大理想目标等。

飞行事故和事故征候的发生与飞行员非智力因素不高有密切关系。如飞行时注意力不集中，飞错飞行高度；飞行前准备不认真，飞错航路；不顾及天气标准，自以为是强行降落等都是飞行员非智力因素不高的表现。

当前，选拔非智力因素较高的飞行学员和提高现有飞行员的非智力因素已经成为航空界的共识。

显然，有较高非智力因素的飞行员，他们有远大的理想与目标，远大的抱负，宽阔的胸怀；性格热情活泼，身心愉悦；对挫折的忍受性强，意志力坚韧。他们时刻不忘自己的奋斗目标及应肩负的重大责任，在心灵的深处，在理论上和飞行实践中，都会将安全飞行作为实现远大抱负的前提。热爱飞行事业的飞行员，做事的自信心与上进心强，他们会刻苦学习飞行专业知识，踏实认真地勤学苦练飞行技能，飞行差错和失误会降至最小极值。性格热情活泼的飞行员，对同事热情，善于与人沟通，语言幽默有趣，驾驶舱交流顺畅及效率高，既能维护机长的权威，又能调动副驾驶的主动性，机组团队协作能力强，群体处境意识高，有利于实现飞行安全。对挫折的忍受性强、意志力坚韧的飞行员，能有效地管理好应激，控制好情绪，处事稳重，遇到特殊飞行状况时不会慌乱，沉着冷静应对，能清醒理智地作出判断，迅速果断地实施决策，化险为夷，转危为安。

第二节　飞行员身体素质与训练提升

一、飞行员身体素质的要求

飞行职业是现代社会最充满挑战的职业，它是人的智慧潜能和体能极限最佳的匹配活动，概括地讲它具有责任大、难度大和风险大等特征。

在高空中高速度以及速度不断变化的状态下，要顺利完成飞行训练任务，就需要飞行员有极强的空间定向和平衡能力；能够及时果断地在尽可能短的时间内处理突发情况，就需要飞行员具有迅速的反应能力。在飞机座舱这种狭小空间内，精神长时间处于高度紧张状态下保持固定姿势完成飞行训练任务，需要极强的耐力素质。飞行结束后，要及时调整状态，消除疲劳，贮备体力以进行下一科目的训练，这就要求飞行员具有较强的高空作业后机体恢复能力。

二、飞行员身体素质的训练

（一）改善教学理念优化训练方式

改善教学理念、优化训练方式是当前我国航空飞行中体能训练的研究重点，而核心力量训练能够稳定人体脊椎与盆骨，及加强人体控制性与平衡性得到了航空体能教育者的广泛关注，其能够提高自身能量输出，提升肢体协调性，减少运动伤害，能够帮助飞行员进行高强度的体能训练。

核心力量训练重视人体的二维、三维运用，通过平衡板、吊环等进行不稳定环境训练，其在形式内容与训练效果上能够完全满足飞行员对于体能训练的需求。飞行员只有具备超强的专业体能素质才能在未来的工作环境中顺利工作。有学者对航空飞行员进行研究发现，飞行员即便在日常生活中具备了良好的身体素质，但在专业性体能训练中也会出现不适，而多种不稳定训练器材的使用，能够帮助飞行员适应专业器械训练。因此，需要将飞行员的基础体能素质与航空专业体能素质相衔接。此外，不稳定训练器材的训练作为基础体能过渡到专业体能训练的必要环节，有利于飞行员快速适应专业体能训练强度，减少运动伤害，在日后的专业体能训练中达到航空飞行员体能素质的标准。

（二）加强飞行员体能训练的监测

随着社会科技的发展，体能监测仪器的使用已经较为普遍。使用监测软件能够帮助教师在训练过程中及时了解飞行员的心率与频率,掌握飞行员的训练强度。现代化监测设备的使用能够对飞行员进行脉搏血压监测、心跳心率监测等,使飞行员的专业体能训练更加科学化。

(三)注重体能训练与心理状态监督相结合

专业体能训练形式单一且枯燥,飞行员要有强大的意志力才能完成专业体能训练的任务目标。教师在专业体能训练的休息间隙可以为飞行员设计一些心理训练活动,心理健康在训练学习及日后的职业生涯中都有着极为重要的影响。世界卫生组织(WHO)对体质健康的定义不仅包含了身体器官,还有心理状态、对于社会的适应能力等多个方面,不仅要求飞行员在学习活动中有强健的体魄,还要掌握释放心理压力的方法,使他们在负面情绪中能够保持灵活的思维与及时稳定情绪的能力。体能训练的基础是体力与脑力,其作为飞行员的基础保障必须在教学活动中受到重视,飞行员对负面情绪的处理关系到日后的心理状态。教师在专业体能教学活动中注重飞行员体能训练与心理状态监督相结合,对其进行意识思维及心理的培养训练。

(四)在身体素质训练中加入太极拳运动

1.太极拳运动可以提高前庭系统的稳定性

高空高速飞行时要求飞行员具有较强的空间定向和平衡能力,飞行员空间定向和平衡障碍是引起许多致命飞行事故的首要因素。前庭系统、本体感觉系统和视觉系统,在中枢神经系统的统一调节下协同完成机体空间定向和平衡功能。其中前庭系统发挥最重要的作用,飞行时所面临的高速、角加速度刺激以及感觉剥夺、感觉冲突都会对飞行员的前庭系统产生极大的挑战。因此,良好的前庭功能对于军事飞行员维持正确的空间定向和保证飞行安全具有重要意义。

从运动解剖学和生理学的角度来讲,人体平衡的维持,有赖于视觉系统、本体觉系统以及前庭系统的协调作用来完成。所以,视觉系统、本体觉系统和前庭系统通常被合称为平衡三联。各种外界刺激,通过平衡三联的感觉器传入中枢神经系统,在中枢神经系统对传入的信息进行整合,通过传出神经对肢体进行调节以维持人体平衡。

前庭系统中的位觉感受器包括椭圆囊斑、球囊斑和壶腹山脊。其中椭圆囊斑和球囊斑是能够感受头部的位置变动或直线变速运动刺激的位觉感受器，壶腹山脊是能够感受头部旋转变速运动刺激的位觉感受器。位觉感受器能感受到的是头部的位置变动或直线变速运动的刺激，而不是单个肢体的某个动作变化，这也就意味着，只有当人体以一个整体为单位发生位置变化或直线变速运动时，才能被位觉感受器和平衡感受器将正确的信息传入大脑。所以，只有当头部的位置变化和全身的位置变化一致时，位于人耳中的位觉感受器所感受到的人体方位和速度变化的信息，才能代表全身的方位和速度的变化。在太极拳的练习中，无论是从健身的角度还是从技击实战的角度来看，太极拳运动都要求练习者要做到"周身一家"。因此，可以通过太极拳运动，提高前庭系统的稳定性。

在太极拳运动中十分重视腰部的练习，力要"起于根，主宰于腰，形于手指"，动作要"以腰为轴，节节贯穿"，还强调要"松腰"，要"尾闾中正"。在中医理论中，"腰为肾之府"，腰部气血充足，运行良好，能补肾益气，所以壮腰能健肾。而肾"开窍于耳"，即肾气的盛衰直接影响着耳的功能，对人体空间知觉及平衡中起重要作用的前庭系统感受器就是位于耳中，因此，肾气的盛衰也影响着人的前庭系统的稳定性。

2.太极拳运动可以提高反应速度

反应速度是指人体对刺激发生反应的快慢，从生理机制上看，反应时的长短取决于感受器接受刺激产生兴奋，兴奋沿反射弧传导，直至引起效应器开始兴奋所需的时间。反射弧五个环节中，传入神经及传出神经的传导速度基本上变化不大，所以反应速度主要取决于：①感觉器的敏感程度；②中枢延搁；③效应器的兴奋性。

太极拳运动注重"松静"的特点，有利于提高感受器的敏感程度，有效缩短中枢延搁的时间，提高效应器的兴奋性，加快反应速度。

注意力高度集中有利于提高反应速度，但人的注意力不可能始终保持在同一水平上，这与人的自制力、对专业知识的积累，抗干扰能力等因素密切相关。有研究认为，人的注意力一般在30分钟后会出现明显衰减。太极拳运动要求练习者要"平心静气，以待其动"，练习时要做到"以意行气，以气运身"，精神必须始终集中于练拳中，要心无旁骛。所以太极拳运动可以提高人的注意力，提高反应速度。

3.太极拳运动可以提高耐力素质

飞行时间长、精神高度集中和高空供氧量有限等都需要飞行员具有较好的心力储备及耐力素质。太极拳深长细匀的呼吸特点，可有效增加胸腔的容气量，提高心肺机能。通过太极拳运动的放松，让不参与动作的组织器官尽可能放松，可以有效减少机体耗氧量。

4.太极拳运动可以加快机体疲劳的消除

太极拳运动要求"气沉丹田"，在练习过程中强调全身放松，要"以意行气，以气运身"，不能用拙力，机体在放松的状态下气血更加通畅，微循环功能增强，有利于毛细血管内外的物质交换。通过太极拳运动时气血无微不至的练习，能够充分排出在高空作业中体内产生的代谢物。根据中枢神经系统"兴奋—抑制"的特点，人体在长时间进行精神高度紧张的活动之后，并不能马上转入休息状态，而太极拳练习时意念的导引功能可以通过转移注意，积极有效地消除处于飞行状态下的紧张和疲劳。

5.太极拳运动可以起到锻炼和康复保健作用

颈椎是脊柱各椎体中体积最小，最灵活的节段，容易产生退行性病变，与颈椎相连的肌肉、韧带等软组织损伤后出现无菌性炎症反应，引起肌肉痉挛和疼痛，从而造成颈椎变形和运动障碍。飞行员在飞行环境中头颈经常旋转和俯仰，会增加颈椎的应力，而护目镜、头盔和面罩的重量进一步增加了这些应力。飞机性能越高，损伤率越高，飞行时间也和椎颈损伤率成正比，并且飞行员颈椎病更趋向于年轻化。

由于座舱空间狭小，加上长时间飞行使活动受限和长时间精神处于高度紧张状态下的固定姿势使腰部负荷过重，而飞行加速、震动、摇摆等也可以引起椎间盘挤压力增大，易发生纤维环破裂，引发腰椎病。

当脊柱结构失衡时，起辅助稳定作用的腰背肌就要超负荷工作，以保持躯干平衡稳定，长时间的超负荷工作会使腰背肌肉产生代偿性肥大及增生。同时由于在座舱内长期弯腰工作，腰背肌持续呈紧张状态，使局部小血管受压，血液循环受阻，使得供氧不足，代谢物无法及时清除，代谢物的长时间堆积、气血瘀滞就形成了炎症，导致腰椎间盘退行性病变及腰部肌腱韧带劳损。

太极拳练习时"螺旋缠丝""旋腰转脊，旋踝转膝""以腰为轴，节节贯穿""松腰、松胯""牵动往来气贴背"等要领及练习方法,均有利于疏通腰背及脊椎部位的气血及经络,从而达到对颈椎腰椎及腰肌进行康复和锻炼的目的。

第三节 飞行员心理选拔与训练提升

一、飞行员的心理选拔

"长期的飞行实践和近期的飞行事故和事故症候表明,保持和提高飞行员的心理健康水平,与飞行技术和飞行经验一样,都是保障飞行安全的重要环节"。[1]飞行员心理选拔属于职业心理选拔的一种。职业心理选拔是指依据职业活动结构的特点及其对劳动者的职业活动要求,借助心理学的检测技术,对相应职业人员在该职业或专业的适合性方面所进行的预测和评定。从该定义中可总结出如下观点:心理选拔的基础和依据是职业对人员的心理要求;实施人员是心理学和该领域专家;实施方法是心理学方法;目的是分辨出适合和不适合该职业的人员,将合适的人才安置到适宜的岗位上,预测和提高人员的绩效,提高在职人员的素质,以最大限度地满足组织和个人的利益,充分发挥个人的才能,实现人尽其才,同时也更加有效地实现组织目标。

要想招募到合格的飞行员,首先要研究清楚飞行职业对心理品质的要求,然后筛选出敏感指标,最后通过对这些指标的测查来判断候选者的职业适应性,决定是否录用。

(1)职务分析。职务分析(job analysis)又称工作分析,是确定并报告与一项具体工作的本质相关联的有关信息的过程,它确定工作所包含的任务及工作的承担者成功地完成工作所需要的技能、知识、能力和责任。而针对飞行工作的职务分析是对飞行工作任务特点与技能要求进行描述和研究,探讨不同飞行职务特点对人类行为的要求。即回答一名优秀飞行员应该具备什么样的心理品质这样一个问题。职务分析是飞行员心理选拔和心理训练绩效评价的前提。

(2)提取预测因子和效标。根据职务分析结果,在现有的测验中提取与飞行职务要求相匹配的心理特征(预测因子),或根据飞行职务要求建立新的测

---

[1] 孟豫,李海燕,罗渝川.中国民航飞行员心理选拔的现状与建议[J].科技创新导报,2015,12(19):247.

验。即回答选拔一名优秀飞行员应该采用什么样的心理测验问题。同时，根据职务分析结果选择一个或多个敏感的、相关的、可靠的效标。

（3）实施测量。选定预测因子和效标后，根据一定测验方式和程序，采用修订的或新编的心理测验技术对飞行员候选者或现役飞行员实施测量。

（4）预测因子效度分析。测量可分为两种形式：一种是对飞行员候选者实施预测性心理测验，然后录取全部候选者，在他们参加一段时间飞行学习和训练后，测量效标数据，再将前期心理测验（预测因子）成绩与效标数据做相关分析；另一种是同时对现役飞行员进行心理测验和效标评价，然后对两者进行相关分析。在心理测验理论中，前者具有一定的预测性，称为预测效度；后者没有预测性，称为同时效度。如果预测因子分数与效标分数相关性高，说明预测因子与未来的飞行成功有密切的关系。如果预测因子分数与效标分数相关性低，则说明预测因子对将来飞行成功与否缺乏预测性。

（5）确定预测因子的效用。通过研究，在许多预测因子中筛选出几项预测性较高的因子，下一步工作就是确定如何使用好这些因子，以提高飞行员心理选拔的质量。因为好的预测因子必须精心地设计好呈现方式，并通过精心地计划和组织实施测验，才能保证其真正有效。除此之外，预测因子的效用还受心理选拔的录取率和测验成本等因素的影响。

（6）再分析。一段时间后，随着新型飞机的出现，飞行技术对人的要求会发生变化，同时人们的心理素质也会发生一定的变化，预测因子的效度可能会下降。因此，飞行员心理选拔方法要定期重新对预测因子的效度进行评价。

（一）飞行员心理选拔的原则

优质的飞行员心理选拔体系必须符合以下四个原则：

（1）综合评定原则。根据心理选拔检测结果做职业合格结论时，还应注意搜集候选者的体检、思想品德、爱好和学习，以及生活史等方面的资料，做综合考虑。因为这些资料往往能提供对有关能力发展水平、个性特点、社会交际能力，以及高级神经活动特点的补充信息。

（2）动态、连续评定原则。飞行员心理选拔应该是一个经常性的和连续性的过程。即不仅要看候选者初选的检测成绩，还要对其在飞行学院整个学习和飞行训练过程中的一系列表现进行经常不断的考察，以便为合理分配专业、因材施教和任用等提出更确切的建议。

（3）评定标准相应变化原则。在选拔实践中，由于候选者人数和通过其他职业选拔成绩的人数变化，以及航空技术的发展和对专业人才要求的变化，必须相应地提高或降低职业适合性评价标准。

（4）个别对待原则。一个人能否顺利地掌握飞行技术并获得优异成绩，取决于各种心理品质的有机组合。某种心理品质的缺陷，可由其他心理品质予以补偿。譬如，有的飞行学员注意广度不足，可用注意转移速度快来弥补。这种补偿，一般可以顺利通过初级飞行训练，但到高级飞行训练或战斗飞行时就会变得困难。所以，根据候选者心理学检测总成绩评定职业适合性时，还应分析各单项检测成绩，进行全面权衡和个别对待。

（二）飞行员心理选拔的内容

1.智力与能力倾向

智力（intelligence）概念并不统一。有代表性的解释包括：智力是抽象思维的能力；智力是学习的能力；智力是适应新环境的能力；智力是智力测验所测得的能力。也有人认为，能力可分为认知能力和操作能力。智力指前者，是人们在认识过程中表现出来的能力的综合，主要包括观察力、注意力、记忆力、想象力和思维力等。智力测验（intelligence test）是指一类用以衡量个体智力水平高低的标准化测量工具，又称普通能力测验。智力测验按实施方式可划分为个别实施智力测验和团体实施智力测验。

能力倾向（aptitude）指个体在学习某种事物之前对学习该事物所具备的潜能。能力倾向可分为一般能力倾向和特殊能力倾向，前者指通常的智力，后者指人们在特殊环境或职业中表现出的个体潜能。能力倾向是指可能发展出来的潜在能力，而不是指已经发展出来的实际能力。个体的能力倾向是通过能力倾向测验来评价的。能力倾向测验（aptitude test）是指一类用于发现个体潜在能力，了解个体发展倾向性和从未来训练中获益的能力的标准化测验。能力倾向测验和智力测验主要反映个体成功的潜能，而成就测验主要反映个体的知识和技能水平现状。能力倾向测验可用于职业咨询、职业选拔和安置。能力倾向测验根据特殊的职业要求而产生，因此其种类繁多，如机械能力测验、文书能力测验、艺术与音乐能力测验，以及多重能力倾向成套测验。后者又涉及学术能力倾向成套测验、工业能力倾向测验和军事能力倾向测验等。

2.心理运动能力

心理运动能力（psychomotor ability）是指个体意识对躯体精细动作和动作协调的支配能力，是从感知到运动反应的过程及其相互协调活动的能力。因此它包括感知活动、运动活动和两者间的协调，其基本特性包括灵活性、准确性、协调性、反应速度和控制能力等。心理运动能力有较大的个体差异。个体经验和练习效应对心理运动能力的改善和提高有一定程度的影响。心理运动能力测验（psychomotor ability test）主要是在特殊装置的仪器上完成的，在航空心理学中称仪器检测（apparatus test）。

人类操作活动的基本心理品质是各种心理运动能力。心理运动能力与智力测验之间的相关性很低。通过因子分析，发现了11种基本心理运动要素，包括四肢活动协调、手臂运动速度、手腕速度、手指敏捷、手臂稳定性、腕指速度、速度控制、定向反应、反应时、瞄准和准确控制。

心理运动能力是形成飞行技能重要的心理因素之一。飞行员在执行各种飞行任务中接收大量信息后，都必须随时做出迅速准确的操作反应。性能越复杂、机动灵活性越高的飞机，对其飞行员心理运动能力品质的要求就越高。特别是对战斗机飞行员来说，各种独立的要素在完成任何操作活动时均需协调一致。在执行飞行任务过程中，任何一个独立要素发生障碍，都将影响整个心理运动功能，影响操作活动的质和量，导致飞行事故发生。因此，心理运动能力检测一直是飞行员心理选拔和鉴定重要的手段之一。在心理选拔阶段，对候选者的心理动作能力的检测要求非常严格。

3.个性

个性（personality）也称人格，指个体对客观现实稳定的态度与之相应的习惯化了的行为方式的个性心理特征；是个体先天和后天生活经历中形成的对人、对事、对己，以及对整个环境所显示出的独特行为特征。个性一旦形成，是相当稳定的。个性还具有多样性、多层次和多维度等特点。个性特征及其维度通过个性测验来衡量。

个性测验（personality test）也称人格测验，是对个性资料做定量分析的手段，是通过对个体在一定情境下经常表现出来的典型行为与情感反应进行测量的标准化测验。个性测验内容涉及性格特征、需要、动机、兴趣、情感、气质、人际关系及价值观等。在检测方法上有多种形式，其中最常用的是问卷法和投射法。

（1）问卷法个性测验。问卷法个性测验（personality questionnaire）是在依据特定人格理论编制的一系列问题和选择答案，让被试做书面回答，并对回答结果进行数量化处理和标准化分析的一种个性特征测量方法。其采用的是自我报告形式，又称自陈式测验。问卷法个性测验多为纸笔测验形式，由测验问卷、答卷、标准分换算常模和使用手册等组成。问题回答方式通常可分为三种形式：①是非式：用"是"或"否"回答问题；②二择一式：从两个内容相反的答案中选择一个；③多级式：在多个选择或等级式问题中选择一个。

（2）投射法个性测验。投射法个性测验（projective personality test）是将一些无结构、无主题的墨迹图或图像呈现给被试，让被试根据自己的理解和体验做自由回答，借以分析和了解被试的个性特征的一种测量方法。在测验中，由于被试描述一幅图像时常常将个体的主观体验、情感倾向和对事物的态度等主观意识投射到对该图像的描述中，不知不觉流露出个人的思想和情感，由此得名为投射法测验。目前国际上应用最广泛的投射人格测验有洛夏测验和主题统觉测验。

4.前飞行经验

经验（experience）是指人们通过实践活动直接反映客观现实的过程。前飞行经验（preflying experience）则是指飞行学员在学习飞行驾驶前所具备的与飞行技能有关的经验系统，如空间定向能力、躯体活动的协调能力、反应准确性和敏捷性、某些个性特征和特殊的生活经历等。前飞行经验主要通过生平资料分析、结构式会谈和综合分析加以评定。

5.飞行动机

动机（motivation）指能引起、维持一个人的活动，并将该活动引向某一目标，以满足个体某种需要的内在动力。动机是一种内驱力，是个体内在心理活动的倾向性。个体内在和外在的需要是引起动机的始发因素。根据动机的起源，可分为生理性动机和社会性动机。成就动机（achievement motivation）是一种社会性动机，是指个体追求成功的内部动力，是个人对认为重要或有价值的工作，不但愿意做，并且力求达到更高标准、追求成功的内在驱力。高成就动机的个体对较难的工作具有追求成功的挑战欲、有较强的自我意识。成就动机的形成受童年经验、家庭和学校教育、竞争性个性特征、能力水平和社会环境等因素的影响。

飞行动机（flight motivation）是以飞行活动为追求目标的一种成就性动机，是影响个体顺利完成飞行训练、掌握各种飞行技能的重要原因之一。成就动机与普通的需求动机有本质的区别。成就动机是人的一种内在特质，有相对的稳定性，常常构成个性特征的一部分。成就动机高，表明个体有较高的追求事业成功的内部驱力；飞行动机高，表明个体在追求飞行事业方面有较强的内部驱力。普通的需求动机则是对个人物质满足、寻求精神安逸的内在动力，具有易受环境因素影响和经常变化等特点；在经济发展的现代社会中，飞行动机是飞行员心理选拔和训练中非常重要的内容，是航空心理学一个重要的研究课题。飞行动机可以通过生平资料分析和结构式会谈进行评估。

（三）飞行员心理选拔的方法

世界各国用于飞行员心理选拔的方法众多。按照测验对象的人数多少，可分为个别测验和集体测验；按照各种检测方法的外部特征和内部结构，可将这些方法分为七类，包括结构会谈法、行为观察法、纸笔测验法、仪器检测法、传记法、轻型飞机检测法和飞行模拟器检测法。不同的测验方法对不同心理活动内容测定的适宜性有所差异，如纸笔测验多适用于智力或能力倾向、个性特征等测定。

1.结构会谈法

会谈法（interview）又称访谈法，是心理学家通过与会谈对象进行口头交谈的方式，从会谈对象回答问题中收集其有关心理特征和行为资料的一种研究方法。会谈通常需要事先详细阅读有关会谈对象的个人材料，确定谈话目的和制订谈话提纲。

结构会谈法（structured interview）又称标准化会谈，是指按照设计要求、遵循一定程序和采用有特定结构的一组标准化问题进行的较正式的会谈。因为采用相同的问题和形式，所以结构会谈的结果便于进行分类和数量化处理。在飞行员心理选拔过程中，结构会谈一般采用由飞行专家和心理学家根据预先拟订的结构问卷进行提问，由飞行员候选者一一作答，并进行实际记录和数量化处理。会谈时，谈话专家应态度诚恳和蔼、讲究谈话方式和技巧，会谈内容要简练、有针对性，要努力创造相互信任的气氛。

结构会谈是飞行学员选拔中最常采用的方法之一。由于会谈的方法比较灵活、方便和直观，成为了最早被世界各国确认的选拔方法。因此它可单独作为飞行员的选拔方法，不过一般多与其他心理选拔方法同时采用。通过结构会谈，可以了解候选者的一般履历、既往生活史、飞行动机、性格、气质特征和一般能力等方面的材料。飞行员心理选拔的结构会谈总目标是：①补充或验证其他心理选拔检测的结果；②确认能力和人格结构中某些不良心理品质能否被其他品质代偿；③研究候选者的飞行动机，特别是那些在选拔中获得高分并准备录取的候选者；④充分听取飞行专家的意见，对整个测验结果做综合分析。

2.行为观察法

行为观察法（behavior observation）指有目的、有计划地观察被观察对象在一定条件下的外显行为和表现，并对观察内容做详细的记录和分析，以判断其心理活动特征的一种研究方法。鉴于仪器检测和纸笔测验测量的范围有限，因此在飞行员选拔中采用行为观察法，有助于更全面、灵活地掌握被试的整体情况。特别是在缺乏其他客观测试工具时，行为观察法更能体现其直观和便利的优势。在实施过程中，为了能更精确地研究被观察对象的心理特征，在观察过程中可充分利用照相、录音和录像等技术手段。

行为观察法可以单独进行，也可以与其他检查方法同时进行。如在会谈过程时，当被观察对象一出现，就开始观察其面部表情、站立或坐姿、双手位置、对新环境的反应和注意力方向等；观察其在回答问题时的语言简洁性、逻辑性、机警程度、词汇丰富程度和生动幽默性等；观察其举止是否紧张拘谨、表情是否惶惑不安、动作是否稳重沉着、有无冲动或多余动作等，以此了解被观察者的性格特点、情绪稳定性、意志力和认识活动特点等。

在集体行为观察中，观察的重点应是那些表现比较突出的和比较差的人。观察者按照姓名，分别在专门设计的登记表上记录观察对象各行为特点和完成作业的情况。观察的内容应该是最本质的问题，如完成作业是否能按口令进行，动作是否敏捷，神态和行为表现是否自若、恰当。

3.纸笔测验法

纸笔测验法（paper and pencil test）是用纸呈现一系列标准化问题，要求受检者按照指导语的要求用笔做书面回答的一种测验形式。纸笔测验法的内容可以是文字性的、符号性的或图片性的，可涉及广泛的心理学内容，包括智力测验、能力倾向测验、动机测验、情绪测验、成就测验、人格测验和气质类型测验等。纸笔测验法的实施简便、经济，可在短时间内获得大量资料，特别适合用于大规模施测的团体测验。在飞行员心理选拔中，纸笔测验法多用于智力、能力倾向、人格、情绪和飞行动机等测量。

（1）智力和能力倾向测验。航校学员入学资格测验（Aviation Cadet Qualifying Examination，ACQE），用以评估飞行素质。ACQE中的测验材料来源于对淘汰学员与杰出驾驶员心理特点的比较和工作分析，测验主要涉及：①判断；②动机；③决策和反应速度；④情绪控制；⑤注意分配。1944年由于增添了军官资格测验（测量飞行动机及飞行素质等）的内容，ACQE更名为美国空军资格考试（Army Air For Qualifying Examination，AAFQE）。

1954年，美国空军军官职业资格测验（Air Force Officer Qualifying Test，AFOQT）取代了AAFQE测验，每两年修订一次。该测验包括许多种版本。AFOQT-M式测验包括机械知识、机械原理、航空知识、表象操作、仪表理解、杆舵定向和个人生平资料；AFOQT-N式测验做了较大的修改，包括言语类比推理、图表阅读、电子迷津、木块计数、刻度阅读、工具、机械理解、仪表理解和个人生平资料；AFOQT-O式测验删除了个人生平资料部分，增加了航空知识测验。1993年改编为PCSM测验（Pilot Candidate Selection Method），主要包括16项测验：语言推理、刻度阅读、运算推理、仪表理解、阅读理解、木块计数、数字理解、表格阅读、语词知识、航空知识、数学知识、旋转木块、机械理解、科学知识、电子迷津和隐藏图形。

（2）个性测验。成功的飞行员应是精力旺盛、无忧无虑的运动员型人才。早期人格评价是通过心理会谈、个案研究和生平资料分析等研究形式完成的。无论对好的飞行员人格描述有什么样的差异，但有一点是被普遍承认的，成功的飞行员应具备与众不同的人格特征。

德国人最早采用纸笔测验测评飞行员的人格特征和人格适应性，强调不屈不挠的意志表现，要求所有的报考军官和考生都必须经过一项人格检测。现已有许多标准化的人格测验被应用于飞行学员选拔研究，使人格测验趋于客观化和标准化，其中主要包括明尼苏达多相人格问卷（MMPI）、卡特尔16种个性因素调查表（16PF）、艾森克人格问卷（EPQ）、罗夏墨迹测验（RT）、瑟斯顿气质量表（TTS）、职业人格测验（OPQ）等。

4.传记法

传记法（biographical method）是以个人传记历史记录作为素材，研究人的心理活动特征及其发展规律的一种研究方法。传记法一般用于对个人心理活动的研究，在心理学研究方法中属个案研究的一种。它能系统地记载个人的经历和行为，有利于了解一个人的整体心理发展规律和趋势。传记法研究的内容涉及个人经历、生活习惯、学校—家庭—社会成长环境、学业成绩、学习动机、品行表现、兴趣爱好、特殊才能、性格特点、职业趋向、对公益活动的态度和人际交往与关系等。传记法的素材可以通过个别会谈、相关人员访谈和个人活动成果分析（自传、日记、作文、图画、试卷、手工成品和学习作业成绩）等方法收集。

在飞行员心理选拔中，传记法多作为辅助研究方法之一。由于各国航空心理学家们对传记法的作用意义认识不同，其被采用的程度和频率也不相同。作为飞行员选拔的一部分，生平信息也被美国和欧洲许多国家采用。生平调查量表（biographical inventory）是传记研究的一种客观评价方法，是一个人以往生活中的个人活动和事件的清单。生平调查量表涉及在学校里最喜爱的课程、参加过的体育活动项目、个人兴趣，或其他与学习飞行有关的个人行为。

5.飞行模拟器检测法

飞行模拟器（flight simulator）又称地面飞行模拟器（ground-based flight simulator），是用来模拟实际飞行或飞行操作中的某些条件的一系列设备。飞行模拟器多由座舱、计算机系统、运动和操作负荷系统、音响系统、视景系统和指挥台等部分组成。根据模拟飞行条件的多少、复杂程度，以及音响—视景—驱动系统的完整性等，可将飞行模拟器分为不同的种类。飞行模拟器检测法（method of flight simulator）是在飞行员心理选拔中采用飞行模拟器检测候选者操作能力、智力或飞行能力倾向性等多项心理品质的一种研究方法。飞行模拟器可以模拟多种飞行条件，操作情景逼真，不受飞行安全的限制，与轻型飞行器相比，实际飞行安全、节约经费，预测效度好，较易推广，因此是一种较好的心理选拔方法。

二、飞行员的心理训练

心理训练的实施应该遵循科学的规律，坚持心理训练的原则，按照一定的步骤有目的、有计划、有组织地进行。心理训练是否收到相应的效果——提高飞行员和航天员的心理品质，正确实施、科学组训是其中最关键的环节。一般而言，心理训练的实施步骤包括以下五步：

（1）训练需求分析和训练目标制订。心理训练的需求分析是科学组训的第一步，也是制订心理训练方案的基本依据，关系到心理训练内容的针对性和实效性，决定了心理训练最终的训练效果。训练需求分析就是在实施心理训练之前，通过多种渠道，如集体晤谈、问卷调查、现场观察和工作分析等，收集各种数据资料，确定受训对象的团队或个体的工作特征、心理品质的现状、心理技巧的掌握情况和希望通过心理训练亟待解决的问题等。

（2）心理训练方案的制订。心理训练方案要结合航空航天活动的练习课目去制订。在制订心理训练方案的时候应该依据训练需求分析的结果和训练目标为依据，主要解决以下问题：

①采用什么样的训练方法提高心理技能？

②训练安排在什么时候？每次训练间隔多长时间？训练多长时间？

③如何检查心理训练效果？

④何时停止此次心理训练，进入下一个科目？

（3）心理训练的组织实施。心理训练应由飞行员所在的基层单位，结合技术训练课目组织实施。施训者应积极鼓励和主动引导受训者将心理训练渗透到技术训练中去。组织者既要注意统一安排好普遍性问题的训练，又要注意因人而异，讲求实效。要重视集体氛围的影响作用，必要时可组织受训者交流心理训练体会。飞行员要学会利用集体心理训练的时机，抓紧进行自我心理训练。只有自我训练才能有效地解决个人的具体问题。

（4）心理训练过程中的监测。在心理训练不断向前推动的过程中，需要及时了解进展情况。最重要的手段是要求受训者坚持写心理技能训练日记，要记录每天的心理训练内容、时间和心得体会。每隔几天要用前后一致的标准对自己的心理技能水平做一些定量评价。通过动态分析，可以了解自己心理技能水平的变化趋势。

（5）心理训练的阶段性总结。每个航空或航天训练课目可以作为飞行员或航天员的一个心理训练阶段。每个阶段结束后都应进行阶段性总结。对各项心理技能水平要按照原先确定的标准重新做出评价，并与受训者个人的初始水平加以比较。受训者只需纵向比较自己的前后评分，而不必拿自己的得分跟别人做横向比较，因为每个人在进行自我评价时，依照的标准不一致。

（一）机组资源管理训练

机组资源管理（Crew Resource Management，CRM）是指与飞行相关的可利用的所有资源，包括人力资源、硬件资源和信息资源。现在将其扩展到包括与飞行机组工作相联系的群体。机组资源管理训练的目标是提高飞行员的交流技巧、协作、任务分配和决策等能力，确保飞行安全。CRM是目前世界上针对飞行员或相关人员设计的最系统、最科学、最有效的训练科目之一。目前世界很多国家的民航和军航把它作为飞行员培训的必修课程，而其他一些注重协作的职业团队，如医疗、运动等也依据其基本原理设计了相似的训练科目。

1.CRM训练的原则

（1）在实施前评估组织的状态在设计特定的训练之前，关键是要了解CRM的概念是否被理解和使用。通过特定的问卷调查、机组人员的访谈或飞行事故报告的分析等方法能够用于评估组织的状态。

（2）制订适应组织需求和特点的训练计划在了解组织的状态之后，需要制订针对性的训练计划，要突出组织的特点和需求，让飞行员切实认识到进行训练的重要性和必要性。

（3）确定训练计划参与人员组成。CRM主要是针对机组成员，但现在的参与人员已经扩充到几乎所有与飞行安全相关的人员，如管理层、空中交通管制员、维修人员等。一般而言，根据参与人员的组成不同，CRM训练的侧重点也不同。

（4）训练开始前交流计划内容。目标训练开始前，训练部门要组织所有参训人员，向他们讲解训练的内容和目标。这一步能够减少参训人员对训练目标和在训练过程中产生的不必要误解，确保训练按计划顺利执行。

（5）制订质量控制措施。质量监控措施对于保证训练效果十分重要。质量监控可以在训练之前就开始，而后随着训练的进行，及时收集数据，评价训练效果，并以此指导下一步的训练。

2.CRM训练的内容

CRM训练的目的是通过较好的机组协作提高机组绩效以防止飞行事故。它包括三部分的训练科目：最初的教育认识，反复练习和反馈，持续强化。

（1）最初的教育认识。最初的教育认识是CRM训练的第一步，主要目的是让受训者了解CRM的概况、重要性以及与飞行安全的关系，学习和初步掌握CRM的相关技能和知识。

最初的教育认识主要是通过课堂讲解来实现，授课时需要注意以下内容：

①授课中要强调交流、决策、人际关系、机组协作和领导关系之间的联系和对飞行安全的重要性；

②让受训者明白CRM技巧对机组绩效的影响；

③通过各种授课方式提升授课效果，如讲座、视听多媒体呈现、小组讨论、角色扮演、计算机指导、案例分析等；

④必须认识到单纯课堂指导是不可能长时间从根本上改变机组成员的态度。

（2）反复练习和反馈。反复练习和反馈是CRM训练中关键的一步，这一步执行的好坏决定了受训者能否掌握CRM技巧。在实际操作中，多在模拟器或相关设备，甚至在机舱内进行，如果能够将CRM训练融入飞行员日常技能训练，效果会更好。

反复练习和反馈在具体实施时应该注意：

①CRM应作为飞行成员定期培训的一部分。例如，在飞行模拟器中进行航线定向飞行训练（Line Oriented Flight Training，LOFT）时，记录飞行机组团队和个体在完成任务过程中使用CRM技巧的情况，通过视听手段进行反馈就是一种非常有效的方法。如果没有模拟器，机组成员可能参加专门设计用于练习CRM的团队问题解决活动，通过录像或录音的方式进行事后的分析和反馈。

②多渠道的反馈有助于受训者掌握CRM技巧。有效的反馈除了来自组训专家或领导以外，更应该关注受训者的自我反馈和同伴反馈。

③有效的反馈指的是指与课堂讲授的协作观念相一致的行为表现。其中在模拟器中的录像或录音效果最好，它让受训者从旁观者的角度清楚地看待自己和团队的行为，而且能够随时停止、重放和慢动作显示等。

（3）持续强化。持续强化是CRM训练的最后一步，从学习理论来说这是技能学习最重要的一环，决定了受训者能否将临时掌握的训练技巧应用于实践从而转成为自动化的行为方式。虽然很多训练方案会忽略这一环节，但CRM训练非常重视持续强化过程，将其列为训练计划的一部分。

CRM训练强调以下内容：

①无论课程设计多么有效，短时间的训练几乎不可能起到任何效果。因为短时间的训练计划很难改变十几年或几十年养成的习惯。

②CRM应该成为组织文化中不可或缺的部分。将CRM强调的协作、交流、决策等纳入组织文化建设之中，是实现CRM训练终极目标——提高机组绩效、保障飞行安全非常有效的途径。

③CRM的训练对象是全体机组成员。以往有一种误解，认为CRM的对象是

管理者或机长，其实CRM的核心是防止机组成员引发的事故，因此训练应该包括整个机组。如果仅有部分人员参加，训练效果有限，甚至有些训练是无法实施的。

（二）心理能量控制训练

飞行职业是充满挑战、刺激和危险的一项工作，同样也充满压力，特别是首次训练飞行、单飞或者在飞行过程中遇到突发意外事故。这时能否正确将心理能力或压力水平调整在一个适当的水平，对于应对压力、迅速正确处理意外事故和保证飞行安全就显得至关重要。然而，人们在面对压力事件时，往往会因为焦虑水平升高而出现行为质量下降。这种表现下降又会导致更为严重的焦虑，引起焦虑压力螺旋，成为一个恶性循环。要摆脱这种螺旋，只能通过减轻焦虑和紧张来实现。而心理能力控制训练是有效减轻焦虑和紧张的心理技能之一。

1.心理能量与流畅状态

（1）心理能量。心理能量（psychic energy）是指心理的活力、强度和指向性，它以动机为基础。心理能量有积极和消极之分，它与身体能量一样，对飞行能力有直接作用，像许多心理品质一样，心理能量也处于一个连续体上。同一个飞行员在不同的时间里，心理能量会有高或低的变化。当心理能量由低向高变化时，这时是处在心理动员时期。心理能量上升到适宜高度时，便进入最佳心理能量区，此时的飞行操作水平最高。若心理能量一升再升，超出了最佳能量区，则会导致进入心理衰竭状态，操作水平随之下降。

（2）流畅状态。最佳心理能量区也被称为流畅状态，指对所做的事情达到了恰到好处、出神入化的状态。处于此状态中的人已全神贯注于所做之事，即使事情本身很困难，也感觉并不费力。飞行员的流畅状态具有以下特征：

①动作与意识融为一体。在飞行中，能够知觉到自己在操纵飞机，却并未有意识地考虑应如何操纵。

②注意范围和注意力分配适当。已将注意力完全集中在飞行活动和与之有关的情境线索上。

③自我完全融入飞行活动之中。忘掉了自我，飞行成为此时此刻唯一的需要。

④动作连贯，线路清晰。自己与飞机融为一体，能够感觉出飞行状态的细微变化，并准确预料自己的操纵动作会使飞行状态发生什么变化。

⑤内心体验是轻松、愉快、满足的。感觉飞机完全在自己的控制之中。

流畅状态是飞行员感到自然出现的状态，若试图迫使自己处于流畅状态时，它反而出现不了。为了提高自己体验到流畅状态的概率，飞行员应该学会如何控制自己的心理能量，努力让自己经常处于最佳心理能量区。相对而言，提高心理能量比较容易，而降低心理能量较难。

（3）控制心理能量的方法。

①当心理能量较低的时候，飞行员可以使用下列方法提高心理能量：

刻意加快呼吸的节奏。加快呼吸节律，提高心率，增加肌肉紧张性，通过增加生理能量，反射性地提高心理能量的动员。

做些激励的行动。很多优秀的飞行员会养成自己独特的行为方式，使自己快速处于最佳心理能量区。例如，起飞前敬一个坚定的军礼，双臂展开成飞行姿势等。

听些励志的音乐。节奏欢快的音乐能够引起人们的共鸣，使人保持一种心情舒畅的状态，这有利于飞行员体验流畅状态。

利用表象制造一个令人兴奋的环境。回想自己最为流畅的一次飞行，从想象中获得身心的愉悦，有利于飞行员更多体验流畅状态。

②当心理能量较高的时候，飞行员可以使用下列方法降低心理能量：

放松训练。放松训练是解决焦虑压力螺旋，体验流畅状态的最重要方法之一。

保持微笑。飞行中，体验飞行的乐趣，保持面部微笑能够显著降低心理能力。

关注当前。飞行中，一定要把精力专注于当前，既不要反省过去，也不要担心未来。将注意力更多地集中于操作活动上时，最有可能体验到流畅状态。

把压力注入平时的训练当中。提高流畅状态出现概率的心理训练，与飞行技术训练、身体素质训练一样，也是一种长期的训练过程。飞行员要培养自己写心理训练日记的习惯。记录的内容包括：心理能量水平变化的时间；在同一心理能量水平时间里的操作情况，以及此种心理能量水平或操作水平与其他因素的关系等，应包括将如何采取措施在未来的飞行训练中改变自己的消极心理能量。

2.放松训练的方法

（1）渐进放松法。渐进放松技术的基本观点是，当肌肉完全放松的时候，身体的任何部分都不可能再是紧张的。如果放松相关的骨骼肌的话，肌肉和器官的紧张会得以缓解。也就是，身体放松了，神经就不可能会出现紧张。

渐进放松法要求练习者仰卧，胳膊放在身体两侧。有时也可以采用坐在一张舒服的椅子里的姿势。在两种情况下，房间都得相当安静，胳膊和腿不能交叉放着，以避免不必要的刺激。渐进放松训练要参照具体步骤依次的紧张—放松。每次肌肉收缩5~10秒，然后放松30~40秒，根据具体情况也可调整这个时间。特别要注意体会肌肉紧张是什么感受，肌肉放松又是什么感受。这种肌肉紧张的目的是帮助被试分辨出紧张和放松之间的区别。同时，最多只能把放松过程的前几分钟用来做肌肉紧张练习，其余的所有时间都应该用来做放松。对于被认为是放松了的肌肉，必须保证它不受任何干扰，是完全柔软和静止的。渐进放松法与表象训练结合效果最好。

（2）自生训练法。自生训练和渐进放松法都可以诱发放松反应。但不同的是，渐进放松法靠的是肌肉的动态收缩和放松，而自生训练法靠的是身体对于四肢和肌肉的相关感觉。

自生训练法的练习和自我暗示多种多样，从本质上说，自生训练法包括经常相互混合的三个组成部分。首先和最重要的部分是六个初级步骤，其设计目的是在心理上引起一种身体的温暖感和四肢的沉重感。六个自我暗示步骤包括：①胳膊和腿发沉；②胳膊和腿发暖；③胸部发暖，感觉心跳减慢；④平静下来，放松呼吸；⑤腹腔神经丛区域发暖；⑥感觉前额有凉意。

自生训练法的第二部分包括运用表象。在这一步，要鼓励训练者想想能够让自己放松的情景，同时将注意力集中在胳膊和腿的温暖感和沉重感上。

自生训练法的第三部分包括使用特殊主题，来诱发放松反应。其中一种比较有效的特殊主题就是运用自我暗示，提示自己身体确实已经放松了。

像渐进放松法一样，自身训练运用得当时，也可以有效引起放松反应。自生训练法需要几个月的大量练习才可以掌握。一旦掌握了自主训练法，飞行员就可以在几分钟之内引起放松反应，降低焦虑水平。

（3）生物反馈法。生物反馈训练又称为"内脏学习"或"自主神经学习"，它是指使用仪器来帮助人们控制自主神经系统的反应。在一般情况下，我们并不感觉到自己的内脏活动，更不知道它是怎样活动的。但是，借助现代电子技术，把人体连于一个由他的本体产生的生理反应回路之中，通过专门设备，把生理反应放大，显示或记录，同时又让这些信息转化为信号或读数。飞行员在识别这些信号或读数时，就相当于自己"看到或听到"这些机能的变化。

比如，飞行员在紧张状态下，会出现心率加快、毛细血管扩张和血压升高等现象。用电子仪器显示这些生理机能时，就可以从显示器里了解生理机能活动状况。专业人员通过指导飞行员有意识地控制和调节机体的各种反应，使血压提升或下降，调节内脏活动能力。随着调控内脏活动能力的加强，当出现过度紧张、恐惧或焦虑时，便能自觉地调整内脏活动，随之带来精神紧张的消除，使思想情绪稳定下来。在训练过程中，一旦训练者学会辨认自主神经系统的变化，就可以脱离仪器，在没有仪器的情况下控制自主神经系统的活动。由于生物反馈训练和其他放松训练同属于中枢神经系统对自主神经的调节和控制过程，因此，在进行生物反馈训练时，结合其他放松训练来进行，才能收到更好的训练效果。

进行生物反馈训练，必须具备三个基本条件：生物反馈仪、合格的指导者和适宜的训练场所。传统的生物反馈仪往往只能检测一种或几种简单的生理指标，如心率、脉搏、皮肤温度、肌电和脑电等，反馈内容多为简单声音或读数的变化。而随着电脑和软硬件技术的发展，先进生物反馈仪能够记录十几种甚至几十种生理学指标，反馈内容可以是动态的三维动画，甚至是简单的动画游戏，而且结果处理和分析更加科学和系统。仪器的研发提高了生物反馈训练的效果，当然先进生物反馈仪的价格昂贵，不是一般单位所能负担得起的。下面介绍三种生物反馈训练中常用的测量指标：

①皮肤温度。生物反馈中最常用而又最经济的方式就是测量皮肤温度。人们高度唤醒的时候，会有大量的血液流向生命器官，其中部分血液来自四肢末端区域的血管，血液上流会使手感觉冰冷和湿黏。因此，压力会降低四肢的皮肤温度。训练者可以通过检测皮肤温度，发现哪些反应、想法和自生阶段可以有效地使皮肤温度升高。如果有显著的效果，可以让训练者使用渐进放松法和自生训练法作为生物反馈训练的辅助手段。

②肌电图。另外一种非常常见的生物反馈法是使用一种肌电描记反馈设备（EMG）。把电极固定在训练者的胳膊或前额的某些肌肉群上，让训练者通过使用视觉或听觉信号来减轻肌肉紧张。听觉信号主要是耳机里的嘀嗒声，而视觉信号主要来自训练者观看的示波器。

③脑电图。第二种用于生物反馈测试的重要仪器是脑电图（Electro Encephalo Graph，EEG）。EEG生物反馈训练通常还被称为脑波训练。通过放置在头皮

上和连在EEG上的电极可以测量到几十亿个脑细胞细微的电流脉冲。通过EEG记录可以确定四种基本的脑波。在训练者激动和高度唤醒的时候主要显示的是β脑波；当训练者放松，并且保持精神"安静"的时候，主要显示的是α脑波。训练者要努力产生的就是α脑波。

（4）呼吸技术。腹式呼吸是放松训练的最基本而有效的方法。该方法与胸式呼吸相对应，是所谓"睡眠术"的呼吸方式，呼吸动作着力点放在横膈膜和腹壁肌肉上，呼吸缓慢而深沉。可以用下面的方式练习这种呼吸技术。

仰卧在床上，把一只手伸开，掌心向下放在腹上，把另一只手伸开，掌心向下放在胸上。用横膈缓慢而深地吸气，会感到胃部扩张，腹部鼓起。腹上的手跟着上升，但胸上的手基本不动。还可以将嘴唇缩拢，像含着一根吸管那样往里深吸气，帮助引起腹式呼吸。

当对腹式呼吸有所体会之后，可以进行站立式呼吸练习。闭上双眼，全身放松，缓慢而深沉地呼吸。用意念想象有一片羽毛正在慢慢漂移，在你面前非常缓慢地下落，至脐部水平处停留，很柔和地飘浮在那儿。

可以用腹式呼吸对抗过度应激反应。无论何时出现过度紧张的症状，可以立即进行1~2次慢而深的腹式呼吸，往往能产生放松反应。平时随机做1~2次腹式呼吸也有利于保持放松状态，起到调节情绪的作用。

（5）系统脱敏训练。系统脱敏训练也称为缓慢暴露训练，是一项行为治疗技术。用放松的方法减弱受训者对引起紧张焦虑刺激的敏感性，鼓励受训者逐渐地接受他所恐惧的事物，最后不再恐惧。具体步骤如下：

①确定引起紧张焦虑反应的具体刺激情境。

②将刺激情境按程度轻重由弱到强排成等级。按从他人到本人，从轻微压力到较大压力，从远景到近景的顺序排列。

③按照放松训练方法，形成与紧张焦虑反应相拮抗的松弛反应。

④从引起焦虑恐惧最弱的一项开始，逐步地、系统地建立松弛反应，最终使松弛反应抑制紧张反应，达到脱敏的目的。

一般每天进行一次脱敏训练，每次训练包括的焦虑等级不应超过三个。当受训者对某一焦虑脱敏后，可根据具体情况再设计一个新的焦虑等级，直到把能引起焦虑的各种刺激情境全部想象脱敏一遍，焦虑反应才会被消除。

系统脱敏训练结束后，应当树立成功的自我意象，以一种新的姿态、新的精神面貌，出现在工作生活环境中。

（三）表象技能训练

表象训练就是指在大脑运用各种感官知觉对某种经历进行创造和再创造。这一简洁的定义解释了三个方面：①在没有外部刺激的情况下可以在大脑中创造出表象；②创造表象要运用一种或多种器官；③表象是由储存在感觉登录器、工作存储器或长时记忆中的信息创造出来的。

表象是大脑的语言。从某种意义上来说，大脑无法辨别出一样东西是实际的物体还是这种物体的生动映象。因此大脑可以利用想象从而获得强大的重复功能、阐释功能、强化功能以及对重要飞行程序和技能进行存储的功能。表象的工作情况与录像系统相似。它是以一定的序列储存感觉输入，而不是储存画面。人的大脑像是一台多感觉的录制器，在进行表象演练时，我们能够回放和重新安排多种感觉通道的输入信息，并产生强烈的内部体验。

表象训练时应全身放松、闭目，产生以神经过程抑制为特征的微睡（半睡）状态。在此状态下会出现两种变化：一种是因机体放松，主要的外部感官封闭，使身心能量消耗降低，几乎停止一切有形的肢体活动，进入新陈代谢过程的储备阶段；另一种是在机体松弛、能量恢复的基础上，使大脑皮层处于高度敏感状态，对特有的言语暗示信息具有较快的接受能力。

飞行动作的表象训练就是飞行员常说的"过电影飞行"或"椅子上的飞行"。在进行表象训练时好像用"心中的眼睛"看到了飞机、蓝天和跑道，然后进行心理上的操作。通过一遍遍"内心学习"，有利于建立飞行动作程序，熟练动作细节，理解动作的逻辑结构和感知特征。一般新飞行员进入空中训练、老飞行员改装训练、间断飞行恢复训练和空中特殊情况准备性训练时，常用表象训练。实践证明，地面上表象训练的效果可以向空中飞行迁移。经常正确地实施飞行表象训练是优秀飞行员的成功经验。

表象训练的基础训练包括三部分：感官觉察训练、清晰性训练和控制能力训练。

（1）感官觉察训练。飞行员的表象来自他们的体验。表象训练的目的是要得到贮存在记忆中的这些体验，利用这些体验产生他们所要改造和控制的表象。飞行员提高表象技能，先要能查寻到自己在运动中的各种体验，看到、触到、听到得越多，查寻到的情绪和心境越细，就越可能产生这些体验的清晰表象。关键的一步是让他们尽量觉察到他们做动作时所出现的所有感觉。要捕捉身体各个部位的位置和变化，以及操作动作中所出现的视觉、运动觉、听觉和触觉的变化。

（2）清晰性训练。清晰性不意味着仅仅是清晰的视觉表象，而是指表象中所有涉及的感觉都清晰。这项训练可在平时结合体育训练项目。例如，让飞行员回想他在短跑训练中的体验：站在起跑的地方，感受到了气温、风向；做一下深呼吸，闻到了空气中的味道；来回走几步，注意到了脚下的感觉；向周围看，看到身旁的对手和在远处终点的计时员与观众……每次做完表象后，用1—5的数字分别对表象中所体验到的各种感觉打出清晰性程度分数。

（3）控制能力训练。当清晰性能力得到提高后，飞行员就需要提高控制表象的能力。此时，所要达到的目的就是操纵、塑造和推动表象。清晰但不可控制的表象，是一种阻碍，它们会使操作无法流畅进行。

当进行表象训练时，不管是内部表象（通过"自己的眼睛"看事物），还是外部表象（从摄影机的位置拍摄你所看到的事物），控制表象都涉及透视的参与。通常是需要内部透视的，因为内部透视更接近于飞行员实际操作的形式。如果遇到了操作中的某个疑难问题，也可以采用外部透视的方法找出失误的环节。

为了熟练地应用表象，需要另一种类型的控制，就是在急需时打开和关闭表象的能力。当能够很容易地做表象时，对于实际中应用表象来说，还存在时间上适当或不适当的问题。不能随意地启动和关闭表象的人，也就等于他不能够在真正需要时进行内心演练。表象训练每次需要20分钟左右的时间。

（四）注意技能训练

注意（attention）是心理活动对一定对象的集中和指向，是心理过程的共同特性。飞行中有各种各样的刺激：来自座舱内和外环境的，如仪表显示光、声信号，地形和地标变化；来自飞行员自身的，如肤觉、动觉、前庭觉，以及记忆中的某件事和思考中的某个问题。飞行员在同一时间不能感知所有刺激，记起很多往事或考虑很多问题。为了保证信息接收清晰，处理精确、完整，在某一特定时间，心理活动只能集中指向某些对象，使关键目标处于意识中心，其余处在边缘。注意伴随飞行活动的全过程，从信息感知到信息评估、分析、判断、决策与动作等所有意识活动，无不需要对其对象的正确选择、指向与集中。

注意品质受应激或紧张程度的影响很大。应激水平增高到一定程度，会排除对无关刺激的定向，注意范围可集中到有效目标上。但在过高紧张刺激情况下，又会滤去与任务有关的目标或信息，即出现注意范围狭窄。注意的选择与转移发生"木僵"与注意力不能分配到别的对象就是所谓的"管视"或"单打一"现象。

当警觉水平很低时，执行任务的动机水平低，注意机制不活跃，不能执行困难任务，注意很容易被无关刺激吸引。飞行中警觉水平低可能出现在巡航安静期与长时间的雷达监视时，或者在飞行疲劳、动机水平低下的情况下。这些情况下，就会发生"错、忘、漏"；注意可能被无关的地形、标志吸引；不能意识情境变化，以致危险或威胁信号出现也未能引起注意。

如果飞行员的警觉水平处于最佳状态，作业的效率及可靠性均会提高。这时，注意能集中于所选择的主要任务上，同时又能实时分配或转移对有效信息的注意，还能排除无关刺激干扰，使注意范围处于最佳状态。如进场着陆阶段就更需要飞行员有最佳的应激水平，保持最佳的紧张状态，以确保安全、平稳无误地落地并滑行到准确位置上。

如果应激水平由于某种原因上升过高，注意会过窄，甚至停留在一点上不能转移，这是很危险的，可能会出现"听而不闻""视而不见"的现象。因此，飞行员要善于调节、控制自己的紧张水平，防止飞行疲劳，排除消极因素和调整过于紧张的情绪，使自己在飞行中保持最佳状态。必要时，通过适当话音、声调或高亮度显示与闪烁刺激等提醒飞行员，排除无关刺激干扰，注意危险的信号或关键点。

1.地面训练要点

（1）联系飞行实际说明注意的概念和重要性；

（2）组织讨论学习不同飞行注意技巧的理由，请优秀飞行员做典型发言；

（3）按飞行课目或飞行任务、飞行阶段，列出有关与无关的刺激或变量，以及注意要求；

（4）按飞行任务需要，说出不同飞行阶段注意转移的时机；

（5）使飞行员了解其个人注意转移的障碍有哪些；

（6）了解成功完成不同飞行任务和飞行阶段所需要的主要信息和附加信息，以及不同信息或变量之间的关系模式；

（7）了解不同警觉状态下注意技能的变化特点，以及合理调节警觉水平的方法。

2.空中训练方法

将注意方法的学习与飞行训练密切结合起来，是提高飞行员注意技能的主要手段。

（1）设计适合个人练习的计划，可以按"练习日期、飞行课目、注意技能练习要点、练习方法、练习所用的时间、简评"等内容设计登记表，随时记录或审查飞行员练习注意技能的效果。

（2）在不同课目飞行练习前的地面准备阶段，要注意对技能训练内容进行具体安排，制订出训练预案。以新学员飞起落航线为例，初上飞机，他在观察飞行状态、仪表指示或地面目标时，飞机的方向、倾斜、俯仰等状态，各个仪表的示度，地面的各种景物，这许多注意对象都是个别地进入注意范围。在同一时间内，能够感知的具体对象就很少，要分别看几次才能看清楚。此时的注意技能训练重点就是扩大"注意对象单位"。

如看风挡与天地线关系位置，就可同时判断出飞机的俯仰、倾斜等状态。下滑着陆时看飞机与跑道的关系，可同时判断出下滑方向、下滑角度和下滑速度这三个要素的变化。将一些相关的对象联系起来当作一个对象去观察，就扩大了注意范围。再如做起飞抬前轮的动作，新学员不能同时注意：风挡与天地线关系位置的变化；拉驾驶杆的动作；判断与保持起飞方向；发动机声音等，往往顾此失彼。此阶段的训练要求是提高注意分配和注意转移技能。要指导新学员分清主次地适当分配注意力。

在做起飞动作时，虽然在判断与保持方向、加油门听发动机声音、拉杆抬前轮、观察风挡与天地线关系位置的变化等几个方面，自始至终都要分配一定的注意，但飞机在三点滑跑时，保持方向是注意的重点；到抬起前轮时，保持两点姿势和方向是注意的重点；飞机离陆后，注意的重点则转向判断离地高度和保持正常的上升状态上。同时要求学员练习注意的转移，即有意识地使注意中心（视线）兼顾注意重点。起飞三点滑跑阶段，注意的重点是保持方向，注意中心应放在看目标、跑道保持方向上。起飞抬前轮时保持两点姿势和方向都是注意的重点，此时注意中心就应在这两者之间往复转移。飞机离陆后，飞行员的视线又要转向看地面，判断飞机离地高度和上升角。

（3）空中飞行时，按预案要求主动实施注意技能训练，并将注意技能训练情况作为飞行后个人小结和教员讲评的内容。

(五)记忆技能训练

记忆(memory)是人脑对过去经验的保持和提取。它包括"记"和"忆"两个方面,"记"体现在识记和保持上,而"忆"则体现在再认和回忆上。记忆由三个环节构成:识记是第一个环节,保持是第二环节;再认或回忆是第三个环节。

从信息加工的观点看,记忆就是人脑对外界输入的信息进行编码、储存和提取的过程。为使外界输入的信息适合于存储,大脑要对信息进行精细的加工。

首先,使不同感官通道输入的信息成为人脑可以接受的形式,这种加工方式就是编码。编码有不同的层次或水平,而且是以不同的形式存在的。例如,视觉的信息编码、听觉的信息编码、语义的信息编码等。采用哪种编码形式,取决于刺激的性质和个体的特点。

其次,把初步编码的项目有机地组合,这就是组织。经过编码和组织的信息,就可以存储了。有时对初步编码的信息还要进行反复的加工,也就是编码再编码,直到有利于存储。

记忆的程序按保持时间的长短,可分为感觉记忆、短时记忆和长时记忆三种类型。外界信息通过感觉器官时,按输入的原样,保持一个极短的时间,这就是感觉记忆,又称感觉登记或瞬时记忆。信息在这里保持1秒左右,其中一部分信息受到特别注意,则进入短时记忆系统。若信息极为强烈深刻,也可一次性印入长时记忆系统。那些没受到注意的信息很快变弱消失。短时记忆的信息既有来自感觉记忆的,也有来自长时记忆的。因为当人们需要某些知识和规则时,便从长时记忆中提取,提取出的信息只有回溯到短时记忆,才能重新被意识到和备用。短时记忆的信息保持时间不超过1分钟,受到干扰就会消失。若信息得到及时复述,可使之清晰稳定下来,在适当的时候就会转入长时记忆系统中,得到长久保存。感觉记忆、短时记忆和长时记忆是统一的记忆系统中的三个不同的信息加工阶段,它们之间相互影响、相互作用和相互联系。

提高记忆力有两个方面:一是掌握记忆成功的条件;二是运用良好的记忆方法。

1.记忆成功的条件

(1)注意力集中;

(2)记忆目标具体明确,即在同一时间里记忆的目标不能太多;

（3）思维和理解相结合。在记忆过程中，多琢磨、理解透，记忆效果就好；

（4）丰富的知识。知识越丰富，就容易与新学的知识联系起来，加深理解；

（5）及时复习。通过读、说、写、想、做等多种途径，来提高复习的效果；

（6）多运用和实践；

（7）讲究记忆卫生。愉快的情绪、适当的营养、清新的空气、最佳的时间、合理用脑和劳逸结合等，这些都能增强记忆效果。

2.记忆方法

（1）全体、分段、联合记忆法：学习一个材料，从头到尾反复阅读到熟记为止，叫作"全体记忆法"。把材料分为几个部分一段一段记熟，叫作"分段记忆法"。通读数遍之后再分段熟记，最后联合起来，叫作"联合记忆法"。内容比较连贯、难度小、分量少的材料，宜用"全体记忆法"。在学习时间的分配上，应集中一段时间学习、熟记，即结合应用"集中记忆法"。材料较长、内容较多，宜用"分段记忆法"。

（2）连环记忆法：把记忆对象按性质、特征、内容联系，归纳分类，使之系统化、条理化，像锁链似的，拿一环可以提起全部。因此，连环记忆法亦称"分类记忆法""归纳记忆法"。例如，应急放起落架，判断与处置的条款比较多，但归纳为"中、充、拉、放、开"五个字，就简化多了，也容易记忆。又如，发动机空中起火的处置，归纳为"断油、减速、灭火、除烟"四步，应急跳伞归纳为"收、抛、弹"，改螺旋动作归纳为"平、中、顺"等。

（3）多通道记忆法：在记忆过程中，把看、听、念、写都利用起来，比单纯用眼看或耳听的记忆效果好。因为，动用多种渠道输入知识信息，记忆的痕迹加深，而且同一信息在大脑中痕迹增多，即便某一痕迹消失，其他痕迹仍尚存。因此，多通道记忆法亦称加深记忆法。

（4）理解记忆法：在理解的基础上进行学习和记忆，不仅可以提高识记的全面性、精确性和巩固性，而且有利于掌握新知识和新经验。

（5）强刺激记忆法：凡能引起喜、怒、哀、乐情感冲动的事情，其刺激作用明显，引起的记忆痕迹深刻。

（6）图解记忆法：把飞行教学中的有关法则绘成鲜明易懂的图解，能明显提高记忆效果。例如，螺旋桨转动的方向及螺旋中惯性交感力矩的方向等，均可采用图解的方法来加深记忆。

（7）联想记忆：运用自己已有的知识和经验，把记忆的对象与之相联系。例如，"空中无线电故障"的处置，在归纳为"检查、纠正""故障、返航"两条后，对于它的具体内容就可以联想自己的已有知识来具体化了：检查那些有可能造成无线电故障的设备——波道、插头、无线电电门、转换电门、喉头送话器等。如确实故障，应立即返航。

联想记忆分为接近联想、类比联想和对立联想。接近联想指的是在空间或时间上相接近的事物，容易彼此联想。例如，航行某一重要转弯点，地标上有一形似"哑铃"的水库，记住此特征就不容易忘掉。类比联想指的是把记忆对象与你所熟悉的在性质上相似的事物联系起来记。例如，在学习外语时，将同义词或近义词归并起来记。对立联想指的是把记忆对象与其特点相反的事物相联系。例如，在学习外语时，把反义词（大、小、黑、白等）归纳记忆。

（8）形象记忆法：在飞行教学中，重视抽象问题形象化，动用电化教学等直观教学手段，能取得明显的记忆效果。例如，飞机做超音速飞行出现的"激波"形象，既抽象又难懂。可是，用动画来演示，就变得形象、好理解了。

（9）趣味记忆法：对感兴趣的事物容易记得牢。因此，可以把某些学习材料编成便于记忆的故事，亦可跟同伴比赛，引起兴趣，提高记忆效果。

（10）歌谣记忆法：根据某些记忆材料的性质和特点，编成歌谣、顺口溜和口诀，有利于记忆。

第四节　飞行员职业培养模式的提升路径

一、坚持准军事化管理

飞行是一个高风险的行业，与安全有关的许多行业法规都是用血的代价换来的。中国民用航空局是高度集中统一的联合体，历来具有准军事性质，要求飞行人员具有严肃认真、一丝不苟、令行禁止、一切行动听指挥的优良作风。随着航空技术设备的改进和根据失效安全原则制造设备及采用自动化装置，因飞机系统失效而发生飞行事故的比例减少了，相反，人为因素对飞行安全的影响却增大了，特别是驾驶员的人为失误一直是飞行事故的最主要因素。因此，通常把遵章守纪、按章操作列为飞行人员优良的飞行作风之首，可见飞行作风之重要。飞行员必须无条件地贯彻执行飞行规章，否则就会付出沉重的代价。

二、打牢飞行安全基础

安全需求是人们对航空业既基本又较高层次的需求。安全是航空飞行的生命线和生存线，是航空企业赖以生存和发展的基础。没有安全，就没有效益，更谈不上发展。保证飞行安全是飞行工作的永恒追求，是重中之重。作为未来飞行生产的主力军，必须加强对飞行学员的安全教育，使其树立安全第一的思想，打好安全基础，并在未来生产实践中加以贯彻落实。

（1）团结协作，打牢合作基础。把旅客安全、快捷地运送到目的地是航空运输企业的首要任务。保证安全是一个系统工程，需要飞行机组内部的精诚团结，也需要机务、空管等其他方方面面的协作配合。飞行员从在校的第一天开始，从上天飞行的第一次开始，就要努力培养团队意识、机组意识、处境意识、配合意识和协作意识，牢固树立安全第一的思想，练好安全本领，打牢安全根基，做到时时想安全，事事为安全，人人保安全。

（2）遵章守纪，防止盲目蛮干。安全规章制度是事故教训的总结，遵章守纪是安全的保证。具有安全习惯的人不仅拥有安全第一的使命感、强烈的安全责任心和兢兢业业、严谨细致的工作作风，而且还要有很强的自律性，时刻提醒自己注意安全，戒除各种不安全心理状态，始终将安全规章作为自己的行为指南。飞行员要保证飞行安全，就要严格遵守民用航空规章，按章操作，按章办事，绝不能视规章为儿戏、盲目蛮干。

（3）胆大心细，勇于实践。飞行是一门实践性很强的工作。需要坚定的理想信念和强大的身心素质，要付出辛劳和汗水。虽然飞行学生学习了基础理论和专业知识理论，对飞行有了一定的了解，但飞行是在空中进行，有很多不确定因素，飞行操作也有一个渐进和熟练的过程，需要很好地把理论和实践相结合，用理论武装头脑，用理论指导实践，指导飞行。在飞行实践中学习理论、理解理论和运用理论，避免理论与实践相脱节。

三、适应航空科技发展需要

飞行是一个技术性很强的职业,需要扎实的飞机操纵基本功和高超娴熟的特殊情况处置能力。现代飞行技术是对人(机组)—机(飞机)—环(环境)的综合管理,是对飞机构造、飞机性能、飞机设备和操作技术的综合应用,是对驾驶舱资源的综合利用,要求飞行员"眼观六路,耳听八方",手脚动作协调统一。精力不集中,观察不详细,动作不到位,技术不熟练等都可能带来灾难性后果。

当今世界,科学发展日新月异,产生了大量的新兴学科,新知识、新技术也层出不穷,而所有这些技术都不同程度地在飞机上有所应用。在高空高速飞行的飞机,可能会遇到各种各样的特殊情况和问题,光靠飞机系统有时是解决不了问题的,有时系统本身就会出现故障和失灵,这就需要飞行员凭借高超的驾驶技术来掌控飞机。所以,技术过硬对飞行员来说是第一重要的。博学强记、熟能生巧是飞行员学习飞行的基本方法,空中精飞、地面苦练是通向成功的有效途径。

同时,身体健康是保证飞行安全的重要前提。飞行员长期在空中高速飞行,由于受强紫外线的辐射、强气流引起的飞机颠簸和精神高度集中等因素影响,极易造成飞行员疲劳。没有健康的身体,就难以完成繁重的飞行任务。所以,飞行员要早锻炼、多锻炼,克服暴饮暴食等不良习惯。飞行员除具备驾驶基本功外,培养健康沉着、遇事不惊的良好心理也是至关重要的。

第五章　航空文化发展及飞行员的文化塑造

航空文化不断催生新的科学技术和高新科技产品，其更大的价值在于引领着飞行人才向更高、更快、更加深邃的目标前进。人是第一生产力，没有飞行人才高尚的品格、高超的技艺，航空事业将举步维艰，从这个意义上讲，航空文化是航空事业的基石，而航空文化孕育的飞行人才就是这个领域中的精品和极致。本章重点讨论航空安全文化对多成员机组安全飞行的影响、航空文化发展对飞行员的培养和飞行员人文格调的文化塑造。

第一节　航空安全文化对多成员机组安全飞行的影响

航空安全文化，是航空组织及其成员关于安全所特有的共同特征的集合，通过内在的信仰，价值观以及外在的规范、仪式、标志和行为体现出来。虽然安全文化定义因实际研究表达各有不同，但是本质内容都一致，反映的是组织及其成员共有的关于安全的价值观和信仰，这些价值观和信仰反映在成员的外显行为及组织的规范、仪式和标志等方面。安全价值观是安全文化的核心内容，其他方面都是价值观的具体体现。

航空安全文化受国家文化、组织安全文化和职业文化三方面的影响，其中主要受组织安全文化的影响。在中国文化背景下的航空安全文化由飞行员职业文化、航空组织安全文化和驾驶舱文化三部分组成，其中飞行员职业文化由职业自豪感、工作压力感和安全责任感三个维度构成，航空组织安全文化由五个具体维度构成，分别是安全承诺、组织安全态度、飞行员授权、组织支持和报告系统。驾驶舱文化由权利梯度、交流协作、应激水平和自动化认知四个维度构成。

航空组织安全文化的标准化回归系数在三者中最大，证实了"组织文化对安全文化的贡献最大"的结论。在设计航空组织安全文化的维度时是从组织文化的基本维度出发进行的，组织文化指的是组织基本的价值观、规范、信仰和实践，它刻画着一个具体机构的功能特征。通俗地理解，组织文化是员工工作时的做事理念，即"在这里的工作方式"。它具有强大的力量，这种力量能够不因组织重组和组织关键人物的离开而改变。所以不难理解航空组织安全文化对航空安全文化的贡献最大，其次是飞行员职业文化，标准化回归系数最小的是驾驶舱文化，这可能因为文化反映的是组织持久特征，飞行员职业文化相对航空公司组织的稳定性要弱一些，因为只要航空公司没有大的改组和转型情况，组织文化就是稳定不变的，但是飞行员很可能因为年龄因素、公司支持、工作满意度等问题在职业自豪感、安全责任和工作压力方面发生变化。而驾驶舱文化可能因为飞行员所处机组不同的原因影响其稳定性，导致其标准化回归系数最小。

一、航空安全文化对实际安全飞行具有效用

飞行员职业文化、航空组织文化和驾驶舱文化三方面构建了中国文化背景下的航空安全文化的内容构成，从理论上对航空安全文化的本质进行了阐释，之后还从实证角度证实这一内容构成的正确性和可行性，为下一步揭示航空安全文化对机组安全飞行行为影响的内在机制提供前提支持。

首先，职业文化是从个体层面阐述安全文化，挖掘了安全与职业文化有关的内容。一支高素质、职业化的飞行队伍是安全飞行的前提条件，职业化要求飞行员具有高水平的职业素质，包括职业道德和职业技能两方面。其中职业技能从做飞行学员的时候就已经开始培养和训练，而职业道德表现在敬业精神、章法观念和飞行作风等方面，但是这些方面其实就是安全意识的反映，我们依此确定飞行员职业文化的维度为"安全责任感"，安全飞行高标准、高要求和目前航空公司飞行任务繁忙带来的"工作压力感"，以及职业的特殊性、安全飞行带来的"职业自豪感"。

其次，在目前主流的航空组织文化构成维度基础上确定的航空组织文化包括组织支持、报告系统、飞行员授权、组织安全态度和组织承诺五个维度，它们都是影响飞行员行为、处事方式的背景和间接的组织因素。

最后，驾驶舱文化主要结合CRM和TEM理论确定了反映文化特性的四个维度，具体为权利梯度、交流协作、应激水平和自动化认知。

总之，航空安全文化的内容反映了从组织层面到个人层面关于安全的价值观及行为表现，反映的是组织和个人内在稳定地对待安全的特质，符合安全文化"稳定性"的特点。建构的航空安全文化的内容既是安全文化本质的表现，而且

具体维度都和机组资源管理内容紧密相关,同时也反映了机组成员如何管理威胁和过失、面对风险时的反应和决策。所以可以认为航空安全文化的内容能够体现现代航线飞行的特征,对实际安全飞行具有实际效用。

二、航空安全文化是保障机组安全飞行的根本

"飞行机组是航空公司的细胞,是航空公司飞行任务执行最基层的生产组织。飞行机组作为航空运输安全生产的主体,其重要作用不言而喻,而飞行机组是航空公司最基本的生产单位,其安全建设情况直接影响航空公司对生产经营任务的完成。只有立足于飞行工作实际,坚持科学发展观,不断进行创新和实践,多层次探讨安全管理方法,切实加强飞行机组安全建设,为机组成员创造一个良好的工作环境,真正激发机组成员工作的积极性和创造性,提升全体机组人员保安全的自觉性,才能实现使飞行任务安全有序,为保障航空运输飞行安全作出贡献"。[1]

在航空科技高度发展的今天,大多数事故或事故征候都是人为过失造成的。因此,识别人为过失,降低风险,找到预防措施,是提高航空安全水平、预防事故或事故征候发生的重要手段。在这样的思想指导下,机组资源管理和以"威胁和过失管理模型"为基础的航线运行安全审计主要从非技术技能角度保障了航空飞行这一复杂社会技术系统的安全。虽然人为失误通过这两方面得到了有效的控制,但是这些控制是从管理飞行员行为层面加强的安全。任何事故都可以追溯到管理的原因,而文化又是这些原因的根本原因。这说明了航空安全文化是保障机组安全飞行的根本因素。另外,也可以从实际经验和实证研究结论证明这一观点,以下进行具体阐述:

首先,从实际经验方面来看,现代航线安全飞行以CRM技术为基础,以管理外在威胁和人为失误为重点,CRM在实际应用时发现相同的内容却在不同的地方产生了不同的培训效果。经过调查发现是因为CRM对文化的敏感性,于是航空公司在进行CRM培训时,把当地文化作为CRM培训的一部分,将课程本土化,这便体现了文化对CRM技术的影响,因为CRM直接影响实际飞行,同时也就反映了文化的根本性作用。即保障安全的根本在于文化,因为飞行员是带着所在群体或组织乃至社会的文化特性进行实际工作的,安全文化反映在飞行员外显的行为、习惯和做事方式等方面,也反映组织的规章制度、安全态度等方面,而这些方面构

---

[1] 任勇.提高飞行机组安全管理水平的思考[J].民航管理,2015(11):17.

成了影响安全行为的个体因素和组织因素。

其次，从实证研究结论方面来看，随着复杂社会技术系统的发展，安全文化对于系统的安全运行越来越重要。安全文化在航空事业这一复杂社会技术系统引起关注有很多推动因素：一是切尔诺贝利核泄漏对安全文化的关注的启示；二是管理科学关于组织文化对组织绩效影响的不断深入和细化对航空业管理安全的借鉴；三是航空事业对人因工程研究的推进。另外再加上航空技术的日益完善，使得目前航空业对航空安全的研究处在组织文化时期，安全文化对安全绩效的研究得到了重视。安全文化是人们关于安全问题的价值观、态度及行为方式的集合体，研究者往往在态度与价值观层次上利用问卷调查的形式探讨安全文化的维度结构，从而指导实践。通过研究安全文化对安全绩效带来影响的决定因素来研究对安全绩效的影响，机组安全飞行行为就被看作影响安全绩效的决定因素。

依据上述研究逻辑，在确定了航空安全文化的内容构成之后，进行了航空安全对机组安全飞行行为影响的内在机制的研究。通过结构方程建模发现，航空安全文化通过航空安全氛围影响机组安全飞行行为，这一结果证明了航空安全文化的隐蔽性和根源性，究其根源在于设计航空安全文化的内容构成时，从安全文化的内涵出发并结合现代航线的特征进行。航空安全文化内容主要是从组织和个体对安全共有的价值观方面建立，表现在个体行为方面主要是职业文化维度，而航空组织安全文化主要反映组织的安全价值观，包括组织对安全的态度和承诺，以及组织支持这些具有稳定特征的维度。驾驶舱文化则是从机组资源管理和TEM理论出发，确定反映安全文化内涵的四个维度。

三、组织对航空安全文化的影响具有广泛性

不同职务和飞行时数因素分别在航空安全文化各内容和航空安全氛围各维度上不存在显著性差异。而不同航空公司表现出的差异维度最多的分别是航空安全文化的安全责任感、飞行员授权、组织支持和权利梯度四个维度，以及航空安全氛围的感知运行环境维度。不同年龄段的飞行员的差异仅表现在航空组织安全文化的飞行员授权维度，而在航空安全氛围各维度上不存在显著性差异。这些说明不同组织对安全文化的影响最大，以下针对结论进行具体论述：

（一）不同年龄因素

不同年龄因素在航空组织安全文化的飞行员授权维度表现出差异。我国航线飞行员的培养周期相对漫长，民航高等院校培养飞行学员需要4年，而从学员成

长为机长一般又需要5到8年时间。在这10多年的时间里，主要进行的是职业技能方面的培训，从个体层面出发，与安全相关的因素几乎都是一致的，这是作为合格飞行员的必备的职业素养要求。无论飞行员个人的年龄、职称和飞行时数如何改变，在安全文化各内容和安全氛围各维度基本上没有差异，只有不同年龄因素在航空组织安全文化的飞行员授权维度表现出差异。飞行员授权指的是飞行员在安全决策时有一个实质性的作用，对执行和完成安全目标起调控作用，为自己和其他相关人员的行为负责，以组织的安全报告授权的实质是一个员工被权威委托或是被高层管理者所赋予职责后的个人知觉和态度，和组织密切相关，体现的是组织对航空安全文化的影响。

目前，我国的航线飞行员主要来自三个渠道，民航高等院校培养的飞行学员、军航退役的飞行员以及航空公司自主与国外飞行员培训机构联合训练的飞行学员。据了解，大多数年轻的飞行员都来自民航学院，20岁到30岁的飞行员处在学习期，这个时期主要停留在个人业务能力的学习，30岁到40岁的飞行员处在成长期，这个时期随着技术的日益完善，他们希望得到公司的肯定，在职场有所发展。40岁到50岁的飞行员处在成熟期，拥有成熟的飞行技术，同时个人在公司也得到一定的行政职务。50岁以上则处在平稳期，这个阶段的飞行员许多都被聘为教员，在公司具有很好的声誉和待遇。30岁到40岁的飞行员，虽然有时和40岁到50岁的飞行员在个人技术上不存在什么差别，但是在机组管理的经验和突发事件的处理能力相对弱一点，所以公司在岗位聘用时先考虑40到50岁这个群体，因为40到45岁的群体，既有技术和飞行经验又有威望。由于飞行员又是自我效能感很好的一个群体，所以30岁到40岁这个群体难免为此出现思想上的"不畅"，导致在感知和评价飞行员授权方面40~50岁群体认为很好，30~40岁群体认为不够，于是出现了统计学上的显著性差异。

（二）组织因素

组织对航空安全文化各内容和航空安全氛围各维度都有不同影响。航空公司在航空安全文化各内容的差异具体表现在航线飞行员职业文化的安全责任感维度，航空组织安全文化的飞行员授权、组织支持维度和驾驶舱资源的权利梯度维度；在航空安全氛围表现在感知运行环境维度上。可见组织对航空安全文化的影响具有广泛性，也可以反映出，这五个具体的维度都与组织密切相关。目前，我国航空事业处在迅猛发展时期，很多航空企业由于发展需要一直处在改组和转型期，组织结构缺乏稳定，很难形成组织文化，所以管理层难免顾及不上对飞行员的人文关怀和组织支持，只是命令式、一味地执行公司现有的规章制度，很少从飞行员的切身感受出发进行管理，导致了种种弊端和实际问题的出现，另外还可以从理论的角度加以阐述。

首先，从赫茨伯格（Frederick Herzberg）的"双因素理论"分析，双因素理论认为员工对工作的满意感和不满意感不是单一连续体的两个极端，当中至少包含两个状态：没有不满意与没有满意。"满意"的对立面是"没有满意"，"不满意"的对立面是"没有不满意"。

其次，它强调有些工作因素能够引起对工作的满意，称之为"激励因素"，包括成就、发展前途、晋升机会和赏识等因素；而另外一些因素则只能防止不满意的产生，称之为"保健因素"，包括个人生活、工资、与上级的人际关系等因素。一个企业为了保持员工原有的积极性，就应该注意保持或完善"保健因素"；为了提高员工的积极性，则应该在"激励因素"方面下功夫。只有两个因素双管齐下，才能全方位调动员工的工作热情，提高生产效率。

最后，从飞行员这个角度来看，提高安全主要集中在职业道德和职业技能两方面。而且已经明确，从学员到机长的成长过程主要是职业技能这方面的训练，而职业道德这一方面主要受所在航空公司的影响，因为"存在决定意识"，公司的人文情感支持和管理策略这些客观存在的制度、政策会影响飞行员的职业道德水平，从而影响他们的安全意识，进而对安全飞行产生影响，比如在薪酬方面，飞行员薪酬的合理性，直接影响到其职业道德意识水平的高低，进而影响安全飞行。按照效率工资理论，高工资带来高效率，一方面高工资会直接激发飞行员较高的工作热情和积极性，促使飞行员提高安全绩效；另一方面高工资也会提高飞行员犯错误的代价，因为犯错误，损失的就是高工资，从而使飞行员为避免失去高工资而进行自律，从而减少犯错误。所以可以肯定的是，组织影响航空安全文化和安全氛围，航空公司组织的支持是飞行员工作的基础，同时也为飞行员提供情感支持，让飞行员对公司产生归属感。

第二节　航空文化发展对飞行员的培养

航空文化是人们在航空活动实践过程中所创造的所有物质文化和精神文化，

既包括思维理念、价值标准和行为导向等隐性的文化内涵，又包括社会环境、舆论氛围和技术产品等显性的文化表现。航空活动包括军用航空和民用航空，而民用航空又包括公共航空运输和通用航空。从广义上来说，航空文化是指人们在各类航空活动实践过程中所产生的物质文化和精神文化的总和。而从狭义而言，航空文化是具有航空特色的思想、意识、观念等意识形态和行为模式，以及与之相适应的组织体系和制度。

航空文化又可分为隐性文化和显性文化。航空隐性文化是指不能用肉眼识别，而需要用心灵感受、用意识感知的文化，它是人们显性行为的意识引导。而航空显性文化则是可以看到、接触到的文化。例如一场航展中，航展主办方传播航天航空文化的思维理念、展会组织者对于航空文化的意识认同和展会参与者的共识与热情等都是隐性文化，而展会中的政策解读、技术交流、产品及服务展示和商贸洽谈等都是显性文化。值得说明的是，由航展所带来的区域经济发展和经济收益则是航空文化与航空经济共生互动、融合发展的必然结果，同样也属于航空文化的范畴。

"航空文化是在历史的进步发展中创造出的文化财富，是我国社会主义先进文化的重要组成部分"。[1]航空文化作为一种文化形态，对于飞行员培养的意义是不言而喻的。航空文化对于飞行员培养的价值主要体现在价值导向、规范行为、凝聚意识和激励斗志等四个方面。

一、价值导向

文化的繁荣发展，需要社会主义核心价值观的引领，社会主义核心价值观的丰富，亦能促进社会文明的发展，而航空文化丰富和发展了社会主义核心价值观。随着信息化的推进，大学生的价值观呈现多元化发展，正确积极的价值观，有利于大学生的健康成长。高校有责任营造良好的校园文化环境，引导大学生树立正确、积极的价值观。

航空文化是航空类高校校园文化的重要组成部分，它对飞行员人才成长过程中的价值导向功能非常明显。航空文化中所蕴含的探索精神、创新精神等优良品质应当成为当代大学生的思维方式，更应该是我们这个时代所需要弘扬的价值观

---

[1] 刘朋涛，周建华.航空文化在航空类高校的育人功能浅析[J].西安航空学院学报，2017, 35（02）: 86.

念。在过去一百多年的航空建设史上，一代代航空人物的英雄事迹，一个个航空大事件，一次次航空发展大突破，都是汇聚航空文化光辉的星火，在这些优秀文化的熏陶下，学生更能做出正确的价值判断和选择。

二、规范行为

航空文化的行为规范功能主要体现在，通过弘扬航空文化，使飞行员自觉遵守规章制度。航空事业发展历程中形成了许多优秀文化，尤其是制度文化，其在行为规范方面的育人价值体现在，通过制度规章及其相关载体对高校学生的行为产生约束力。航空事业是一个特殊的行业，一丝偏差都可能会造成极为严重的后果，这就要求航空类飞行员人才在工作中做到认真、冷静、严谨、细致。作为将来从事航空事业的大学生，要通过学习航空文化，对专业规范产生敬畏之心，自觉接受制度规范。

三、凝聚意识

航空事业是集体努力的成果，航空文化同样凝聚着集体的智慧和汗水。航空事业技术难度高、操作精度高、协调广度大，单说一次成功的飞行，就需要多个领域、多个岗位上的许多人通力合作，这体现了极大的团结协作精神和强大的凝聚力。航空事业的每一次进展和突破，都离不开航空人的团结协作，离不开航空文化的凝聚力。飞行员在航空文化的熏陶下，能更生动、更真切地感知到这种凝聚力和向心力。

四、激励斗志

航空文化的激励作用是毋庸置疑的。航空类高校是航空文化传播的主体，航空类高校学生在系统学习航空发展史等航空知识的过程中，会领悟到航空文化核心精神。学习航空文化发展史，学习为航空事业做出重大贡献的先驱们的事迹，引导航空学子树立正确的航空理想，给予他们面对失败的勇气和战胜困难的信心。了解现代航空知识，学习专业知识和专业技能，能激发学生学习兴趣，使他们在学习过程中习得情感认同，进而获得行业自豪感。分析展望航空未来发展空间，引导飞行员学子坚定理想信念，激励他们成长成才，肩负使命，为中国航空发展续写传承。

第三节　飞行员人文格调的文化塑造

飞行学员作为万里挑一的天之骄子，必须以高雅的人文格调作为人文素质培养的重要目标和环节。相关学校要围绕飞行学员第一任职需要，发动学员创造性地开展文化活动，努力为"雄鹰文化"的构建和丰富贡献力量。

一、营造以人为本的和谐物质文化环境

活跃校园的"硬"文化氛围，营造以人为本的和谐物质文化环境。环境往往以潜移默化的方式感染人、影响人，使人的精神在耳濡目染中受到陶冶。营造和谐的物质文化环境，使全校师生员工生活在和谐的物质文化氛围之中，这是构建和谐校园的基础。

校园的物质文化包括学校建筑、设备设施和绿化美化等学校硬件以及展现校园精神文化的雕塑、标语、校刊校报、橱窗和板报等，包括校园的一草一木等。这些物质文化虽然是一种表现形式，但可以通过这种表现形式促进师生的工作和学习热情，激发学生的创造精神，同时能使他们在这种物质文化氛围中形成一定的工作方式和生活价值观，让每一个人都以在学校学习和工作为骄傲。所以，从这个角度讲，学校的教学大楼及各种设施、设备不在于精美和华丽，而在于以师生为中心，在于人性化，要体现适用、实用和较高的利用率。

二、营造以人为本的和谐精神文化环境

活跃校园的"软"文化氛围，营造以人为本的和谐精神文化环境。校园精神文化建设是校园文化的核心内容，是人文素质教育的主要环节，对学员的精神世界能够产生深刻的影响，是一种对飞行学员政治理论素质提高影响比较直接、层次较高的教育载体。

例如，在校园中定期开展讲座宣讲活动，聘请校内外、军内外的教师、专家、学者就热点问题、学员关心的问题等进行解读宣讲，帮助学员及时了解国内外、军内外大事，洞悉时事政治，提高政治敏锐性；举行诗歌朗诵比赛，提倡学员书写军旅人生感悟，与广大战友一起分享交流，增进战友情谊；鼓励学员创办报纸期刊，参加书法、绘画、摄影等各类社团，并对优秀作品或成果进行展览或展示，提高学员艺术鉴赏能力，活跃第二课堂，寓教于乐，寓教于智，使飞行学员在学习中受教育，在活动中陶冶情操，利用精神文化建设培养飞行学员的人文精神。

三、组织有意义的教育活动

学校可进行重要节日和纪念日教育，在重要场合和重要活动时升国旗、唱国歌和举行阅兵仪式等，强化军人的使命感和责任感；充分利用和开发教育资源，建立设施类载体和典型类载体，增强对党领导下的中国特色社会主义事业的感性认识，坚定理想信念；可充分利用驻地环境条件和文化资源，组织学生参观游览红色旅游景区和爱国主义教育基地等，拓宽党史、军史教育的新途径。

安排配合教学开展的各项文化活动方面，学校可以根据一年四季气候变化予以设计。这些多彩的文化活动，能促使学校人文教育的实践环节得到丰富与完善，学员在活动参与中提高了人文素质。

学校要引导学员积极参加空军航空大学开展的文化活动。例如，认真收看新闻并参与集体讨论，加强政治学习，增强忠诚于党的坚定性；利用暑期到乡村社会调查的机会，增强热爱人民的自觉性；利用清明节到烈士陵园扫墓的机会，加固爱国情感，增强报效国家的能动性；利用开展以科学发展观为指导，加快空军战斗力生成模式转变活动的机会，强化职责意识，增强献身使命的责任感；利用老英雄以及英雄子女来学校访问期间，进一步了解老航校的历史和优秀传统，增强崇尚荣誉的自豪感等。

此外，从学员入校到基础培养完成的整个过程中涉及的一些教育活动，包括入伍教育、授衔仪式、转校仪式，以及学员因各种原因退学的警示教育活动等。这些活动要发挥文化建设应有的作用，争取为学员打下深刻的大学文化特质的烙印。

培养飞行学员的人文格调是一种较复杂的文化创造活动，它以革命军人和飞行人员的使命职责为标准。其中，活跃校园的"硬"文化氛围、营造以人为本的和谐物质文化环境是基础，活跃校园的"软"文化氛围、营造以人为本的和谐精神文化环境是保证，组织有意义的教育活动对学员实施激励和影响是特色，三者相辅相成，缺一不可。

结束语

航空事业虽拥有较高的科技水平，却也时刻面临着较高风险。现如今，航空俨然已成为我国经济不可或缺的重要组成部分。确保航空飞行以及乘客的安全是民航永恒不变的主题。一直以来，社会各界均对航空安全尤为关注，这就要求中国民用航空局不断提升航空的安全管理，以切实降低航空事故的发生概率。此外，对飞行员的职业培养同样能保证航空安全。

因此，有关航空的安全始终是民航企业必须不断探讨的重要课题，而要想切实保障航空安全，并尽可能降低航空安全事故的发生概率，加强对航空安全管理和对飞行员职业培养的研究无疑具有重大意义。

参考文献

一、著作类

[1]李奎.航空安全管理[M].北京：航空工业出版社，2011.

[2]马文来，术守喜.航空概论[M].北京：中国民航出版社，2018.

[3]苗丹民，刘旭峰.航空航天心理学[M].西安：第四军医大学出版社，2010.

[4]周长春.航空安全管理[M].成都：西南交通大学出版社，2011.

二、期刊类

[1]陈曦.飞行员素质与飞行安全的探讨[J].科技展望，2016，26（32）：298.

[2]陈勇刚.我国通用航空安全管理体系建设研究[J].中国安全生产科学技术，2012，8（6）：216-220.

[3]丁若，沙梦一，高敏刚.我国民航企业飞行员两阶段转升规划方法研究[J].系统工程理论与实践，2018，38（1）：177-186.

[4]董青，贺元骅.建设我国民航空防安全预警智能体系[J].中国民用航空，2012（01）：56.

[5]樊圣至.航空安全管理探析[J].电子制作，2013（23）：241.

[6]高虎，封二强，王宁.基于安全性的航空发动机控制软件测试技术[J].航空发动机，2018，44（1）：91-96.

[7]宫新军，胡波.民航飞行员养成教育的实践与探索[J].教育与职业，2012（4）：83-86.

[8]郭雷，余翔，张霄，等.无人机安全控制系统技术：进展与展望[J].中国科学：信息科学，2020，50（02）：184-194.

[9]何道敬，杜晓，乔银荣，等.无人机信息安全研究综述[J].计算机学报，2019，42（05）：1076-1094.

[10]胡杰.基于飞行训练的航空安全自动化管理系统建设初探[J].制造业自动化，2011，33（22）：39-43.

[11]贾慈力，隋成城，匡江红，等.飞行仿真技术在模拟飞行实习与训练中的

应用[J].实验技术与管理，2016，33（3）：120-122.

[12]解根怀.为建设民航强国培养高素质飞行人才[J].求实，2010（S1）：247-248.

[13]李航.我国航空应急救援现状及发展策略[J].科技创新与应用，2019（06）：135.

[14]李秋实.驾驶舱高自动化对飞行员行为的影响及对策研究[D].天津：中国民航大学，2014.

[15]李卓芪.飞行学员人文格调培养之"雄鹰文化"的打造[J].当代教育实践与教学研究，2017（06）：262.

[16]凌晓熙.人为因素对航空安全影响的研究[J].中国科技信息，2007（09）：87.

[17]刘姣瑶.航空文化的内涵、特征及育人价值[J].长沙航空职业技术学院学报，2021，21（01）：45-48+54.

[18]刘朋涛，周建华.航空文化在航空类高校的育人功能浅析[J].西安航空学院学报，2017，35（02）：86.

[19]孟豫，李海燕，罗渝川.中国民航飞行员心理选拔的现状与建议[J].科技创新导报，2015，12（19）：247.

[20]任勇.提高飞行机组安全管理水平的思考[J].民航管理，2015(11)：17.

[21]宋家慧，朱玉柱.国家专业海上救助队伍的建设[J].大连海事大学学报，2004，30（2）：36-39.

[22]孙奕捷，张元，李敬.航空器设计、制造单位安全风险管理方案研究[J].中国安全生产科学技术，2012，8（12）：132-137.

[23]唐凯.飞行员素质与飞行安全的探讨[J].成都工业学院学报，2014，17（03）：65-67.

[24]汪胡根，梅生杰.采用航空动力伞技术安全实施全程不停电跨越施工[J].电力建设，2006，27（6）：11-14，17.

[25]汪送，王瑛，李超.一种航空装备系统中本质安全人的构建方法[J].工业安全与环保，2011，37（2）：52-54.

[26]王起全，佟瑞鹏.在航空系统内企业开展安全质量标准化分析与探讨[J].中国安全科学学报，2005，15（12）：47-51，41.

[27]王永刚，张朋鹏.基于组织因素的航空安全评价与分析[J].安全与环境学报，2007（01）：149.

[28]魏林红.建构我国民航飞行员培养模式[J].理工高教研究，2004（04）：81-82+95.

[29]魏瑞轩，周欢，茹常剑，等.基于认知制导的无人机安全控制方法研究[J].电光与控制，2013，20（10）：18.

[30]吴玉静，郭怀波.太极拳对提高飞行员身体素质的积极作用[J].少林与太极（中州体育），2013（12）：15-18+22.

[31]武秀昆.对我国航空医疗服务安全管理问题的思考[J].中国医院管理，2018，38（7）：32-33.

[32]薛明浩，端木京顺，高建国，等.基于综合指数模型的航空装备安全评价[J].工业安全与环保，2015（7）：71-74.

[33]杨倩.飞行员体能训练若干问题探析[J].才智，2020（05）：169.

[34]岳仁田，尹小贝，白福利.航空安全风险管理模式探讨[J].中国安全生产科学技术，2007，3（2）：118-120.

[35]张洪.改革创新民航飞行人才培养模式探析[J].云南行政学院学报，2013（z2）：99-100.

[36]赵晓妮.航空安全文化对机组安全飞行行为的影响研究[D].西安：陕西师范大学，2008：138-150.